敢于卓越

无人机从民间制造到走向全球

赵 蕊○著

团结出版社
UNITY PRESS

图书在版编目（CIP）数据

敢于卓越：无人机从民间制造到走向全球 / 赵蕊著
. -- 北京：团结出版社，2024.3
ISBN 978-7-5234-0656-4

Ⅰ.①敢… Ⅱ.①赵… Ⅲ.①无人驾驶飞机—航空工
业—企业发展—概况—中国 Ⅳ.① F426.5

中国国家版本馆 CIP 数据核字 (2024) 第 230121 号

出　　版：团结出版社
　　　　　（北京市东城区东皇城根南街84号　邮编：100006）
电　　话：（010）65228880　65244790
网　　址：http://www.tjpress.com
E-mail：zb65244790@vip.163.com
经　　销：全国新华书店
印　　装：三河市华东印刷有限公司

开　　本：145mm×210mm　　32开
印　　张：6.5
字　　数：195千字
版　　次：2024年3月第1版
印　　次：2024年3月第1次印刷

书　　号：978-7-5234-0656-4
定　　价：59.00元

丛 书 序

为标杆企业立传塑魂

在我们一生中，总会遇到那么一个人，用自己的智慧之光、精神之光，点亮我们的人生之路。

我从事企业传记写作、出版 15 年，采访过几百位企业家，每次访谈我通常会问两个问题："你受谁的影响最大？哪本书令你受益匪浅？"

绝大多数企业家给出的答案，都是某个著名企业家或企业传记作品令他终身受益，改变命运。

商业改变世界，传记启迪人生。可以说，企业家都深受前辈企业家传记的影响，他们以偶像为标杆，完成自我认知、自我突破、自我进化，在对标中寻找坐标，在蜕变中加速成长。

人们常说，选择比努力更重要，而选择正确与否取决于认知。决定人生命运的关键选择就那么几次，大多数人不具备做出关键抉择的正确认知，然后要花很多年为当初的错误决定买单。对于创业者、管理者来说，阅读成功企业家传记是形成方法论、构建学习力、完成认知跃迁的最佳捷径，越早越好。

无论个人还是企业，不同的个体、组织有不同的基因和命运。对于个人来说，要有思想、灵魂，才能活得明白，获得成功。对于企业而言，要有愿景、使命、价值观，才能做大做强，基业长青。

世间万物，皆有"灵魂"。每个企业诞生时都有初心和梦想，但发展壮大以后就容易被忽视。

企业的灵魂人物是创始人，他给企业创造的最大财富是企业家精神。

管理的核心是管理愿景、使命、价值观，我们通常概括为企业文化。

有远见的企业家重视"灵魂"，其中效率最高、成本最低的方式是写作企业家传记和企业史。企业家传记可以重塑企业家精神，企业史可以提炼企业文化。以史为鉴，回顾和总结历史，是为了创造新的历史。

"立德、立功、立言"，这是儒家追求，也是人生大道。

在过去10余年间，我所创办的润商文化秉承"以史明道，以道润商"的使命，汇聚一大批专家学者、财经作家、媒体精英，专注于企业传记定制出版和传播服务，为标杆企业立传塑魂。我们为华润、招商局、通用技术、美的、阿里巴巴、用友、卓尔、光威等数十家著名企业提供企业史、企业家传记的创作与出版定制服务。我们还策划出版了全球商业史系列、世界财富家族系列、中国著名企业家传记系列等100多部具有影响力的图书作品，畅销中国（含港澳台地区）及日本、韩国等海外市场，堪称最了解中国本土企业实践和理论体系、精神文化的知识服务机构之一。

出于重塑企业家精神、构建商业文明的专业精神和时代使命，2019年初，润商文化与团结出版社、曙光书阁强强联手，共同启动中国标杆企业和优秀企业家的学术研究和出版工程。三年来，为了持续打造高标准、高品质的精品图书，我们邀请业内知名财经作家组建创作团队，进行专题研究和写作，陆续出版了任正非、段永平、马云、雷军、董明珠、王兴、王卫、杜国楹等著名企业家的20多部传记、经管类图书，面世以后深受读者欢迎，一版再版。

今后，我们将继续推出一大批代表新技术、新产业、新业态和新模式的标杆企业的传记作品，通过对创业、发展与转型路径的叙述、梳理与总结，为读者拆解企业家的成事密码，提供精神养分与奋斗能量。当然，我们还会聚焦更多优秀企业家，为企业家立言，为企业立命，为中国商业立标杆。

一直以来，我们致力于为有思想的企业提升价值，为有价值的企业传播思想。作为中国商业观察者、记录者、传播者，我们将聚焦于更多标杆企业、行业龙头、区域领导品牌、高成长型创新公司等有价值的企业，重塑企业家精神，传播企业品牌价值，推动中国商业进步。

通过对标杆企业和优秀企业家的研究创作和出版工程，我们意在为更多企业家、创业者、管理者提供前行的智慧和力量，为读者在喧嚣浮华的时代打开一扇希望之窗：

在这个美好时代，每个人都可以通过奋斗和努力，成为想成为的那个自己。

企业史作家、企业家传记策划人、主编

推 荐 序

把成功与失败进行淋漓尽致的总结

在总结任正非成功经验的时候，人们发现了这四句话：行万里路，读万卷书，与万人谈，做一件事。所谓的"与万人谈"，就是任正非阅读大量世界上成功企业的发展历史的书籍。他一有机会就与这些公司的董事长、总经理当面进行交流请教，并把这些成功的经验用于华为的运营，这就使得华为也成为一个成功的企业。

在过去的十余年间，润商文化长期致力于系统研究中外成功的企业家，汇集了一大批专业人士创作关于成功企业家的传记——著名企业家传记丛书。这是一件非常有意义的事情，这让"与万人谈"成为一件很容易的事。同时，这使得大家都能够从中了解到——这些企业家为什么成功？自己能从中学到什么？

因此，我觉得润商文化的这项工作是功德无量的。这些成功的企业家，就是中国经济史上一个个值得称颂的榜样。

湖北省统计局原副局长

民进中央特约研究员

叶青

序　言

深圳，是中国的科技之都，科技创新氛围异常浓厚，是无数创业者梦想起航的地方。改革开放 40 余年，成千上万个创业者前赴后继，在这个有着"中国硅谷"之称的伟大城市书写着创业的传奇。汪滔，就是这创业大军中的一员。2006 年，还在香港科技大学读研究生的汪滔带着少年时期的飞行梦想奔赴深圳，在一间不足 20 平方米的仓库里创立了深圳大疆创新科技有限公司。这一年，他 26 岁。

彼时的汪滔，还是一名没有走出校门的学生，他不懂创业，不懂企业经营，更不懂企业管理，只凭着对于无人机的一腔热爱，凭着对梦想的坚持，以及不怕吃苦、刻苦钻研、精益求精的特质，赤手空拳来到深圳闯荡。起步时期，算上汪滔在内，大疆只有三名员工，人才招揽困难、愿景不明、缺乏资金，公司发展举步维艰。紧接着，内部矛盾爆发，初始团队核心成员纷纷离开，产品久未面市，种种问题接踵而来，这一切，让抱着"开发一款产品，能养活一个 10 到 20 人的团队就行了"这个简单想法的汪滔有些措手不及。艰难之际，导师李泽湘及时伸出援手，最终帮他渡过难关。

令人没有想到的是，在经历了最初艰苦的四年之后，大疆迎来了爆发式的增长，短短几年时间，便一跃成为享誉全球的无人机制造公司。在无人机领域提起大疆，几乎无人不知，大疆在全球无人机市场中已经占据了80%的市场份额，以垄断式优势成为行业当之无愧的第一名，令竞争对手只能望其项背。《华尔街日报》曾发文表示，大疆是首个在全球主要的高科技消费产品领域成为先锋者的中国企业，并称其"'先进'得不像一家中国企业""这是一家全世界都在追赶的中国公司"。大疆甚至让美国心生忌惮，将其列入"制裁名单"。

白手起家，七年时间将公司由三个人的团队、仓库起家的小作坊做到世界第一，成为"全世界都在追赶的中国公司"，汪滔到底有何秘诀？大疆成功的关键是什么？关于这些问题，相信大家可以从本书中找出答案。

本书主要以时间为线索，以汪滔的成长经历和大疆的发展历程为框架，详细讲述了汪滔在大疆初创、发展、突破等不同成长阶段所面对的困难以及所做出的重要选择，并从中阐述了汪滔对企业运营管理以及世界的一些思考。

这是一部生动的真实创业史，也是一本创业教科书，从汪滔和大疆的故事中，我们或许可以总结出一些成功经验，供大家借鉴。

第一，追求极致、精益求精的产品态度。

汪滔给自己的定位是"做产品的人"，他将追求完美的精神完整地嵌入到了自己的产品观中。"激极尽志，求真品诚"，是大疆的座右铭，也是大疆企业文化的内核。从创业初期，汪滔便非常注重产品细节，他希望大疆的产品能够像苹果手机一样做到极致，他对产品严苛到一颗螺丝拧的松紧程度都有具体要求。而正是这种看似"不可理喻"的要求，成为奠定大疆品质的坚实基础。可以说，汪滔是中国新一代高科技创业者的代表，中国制造业的崛起，需要更多像汪滔一样，对产品和技术有着极致追求的创业者。

第二，正确的选择。

在大疆发展的过程中，汪滔曾经无数次站在十字路口，面临艰难选择：是选择旧的盈利模式，还是到市场中竞争？是继续卖配件还是做整机……每一个选择都可能直接影响大疆的命运。如今回过头来看，幸运的是，几乎每一次他都做出了十分正确的选择。每个企业在发展的过程中，都或多或少会面临一些选择，这个时候，对于企业家而言，开阔的视野和战略性思维就显得非常重要，它能够帮助企业家在关键时刻做出正确决定。

第三，靠技术壁垒打出"王炸"。

和大多数互联网企业不同，在大疆的发展过程中，从未对互联网营销有过多的依赖。在这一点上，大疆与华为相同：它们都崇尚技术制胜，始终坚持用技术、用产品说话，坚持以领先的技术和尖端的产品为发展核心。值得一提的是，无人机的所有核心技术基本上都掌握在大疆自己手中，由此建立了坚实的技术壁垒，这也是大疆能够不畏美国"制裁"的原因之一。同时，中国发达的产业链为大疆提供了无可比拟的成本优势，技术壁垒与价格优势造就了大疆的核心竞争力。

第四，科技创新是一个长期持续的过程。

作为科技创新的标杆企业，坚持不断创新，是大疆在科技行业立足的根本。根据相关资料显示，大疆的在职员工数量中，技术研发人员占据了非常大的比例。除此之外，大疆还是一个善于自我革命的企业，产品和技术不断推陈出新，例如，它能够在"精灵4"系列面世后的半年内便推出全新升级的"御Mavic"系列，产品更迭速度之快令人叹为观止。在大疆，"自己打败自己"是常态。正是因为对研发的大量投入和对创新的孜孜追求，才使得大疆在短时间内迅速崛起，成为行业主导者，并且一直保持领先地位。

纵观大疆的整个崛起过程，我们可以从中得到一种全新的商业逻辑：技术能够影响世界对品牌的评价。从最初的创客，到全球消费级无人机的领军者，大疆正在凭借极致的产品及高端的技术走向价值链上游，利用高科技改变中国产品物美价廉的"低端"形象，给予"中国制造"新的内涵。从某种意义上讲，大疆的成功路径，可以看作是在新发展格局下，在技术创新的推动下，中国制造业由量到质、由中低端向中高端、由"制造"迈向"智造"转型升级过程的一个缩影。

目　录

第三章 一鸣惊人，领航消费级市场

第四章 摸着石头过河，在无人机领域摸索前行

第五章 做打动世界的产品

第九章 "科技狂人"汪滔

附 录

第一章

梦系直升机，让梦先行

他是一个梦想家，童年一本漫画书掀起了他的直升机梦想，从此，他一直在追逐梦想的道路上狂奔，凭借一腔热血，成功让儿时梦想照进现实；他是一名创业者，一间二十平方米的仓库，三个人的团队，却向全世界重新定义了中国制造。他，就是大疆创新的创始人——汪滔！

邂逅梦想：红色直升机漫画

中国互联网行业中高端人才报告显示，在我国，互联网行业中高端人才净流入率最高的城市是杭州。这里曾经孕育了不少知名企业家，比如阿里巴巴、拼多多、娃哈哈集团的创始人，以及本书的主人公、大疆创新的创始人汪滔。

在人才辈出的互联网时代，汪滔是当之无愧的精英，他是一个真正勇于追求梦想的创客。在那个"中国制造"不被世界认可的年代，汪滔带领大疆在短时间内占据了全球无人机市场 80% 以上的份额，成为世界无人机领域的王者，重新定义了"中国制造"。《华尔街日报》曾这样评价大疆："它'先进'得不像一家中国企业，这是一家全世界都在追赶的中国公司！"

"如果不知道自己要去哪里，只是一味地随大流，那么无论从哪个方向吹来的风，对你而言都不会是顺风。"在深圳大学新生开学典礼上，汪滔如是说。作为大疆创新的创始人，有着"中国无人机大王"之称的汪滔，年少时便已在心中种下了一个"飞行梦"，他一直清楚自己这艘梦想之船应该驶向何方。

1980 年，汪滔出生在杭州一个家境殷实的家庭。这一年，日本的汽车产量首次超过了美国，成为世界第一；同时，在半导体等高科技产业上，日本也成功超过了美国。后来，"工匠精神"似乎就成了"日本制造”的代名词。然而，从劣质到优秀，“日本制造”的转型经历了一个相对艰难曲折的过程。在 1980 年之前的很长一段时间内，“日本制造”曾一度是粗制滥造的代名词。就在日本汽车产量成为世界第一之后，美国 NBC 电视台主持人曾在《日本能，我们为什么不能？》的电视专题片中说道：“‘日本制造’一词曾是人们取笑劣质产品的口头禅。但时至今日，‘日本制造’已经是品质优秀的代名词，美国的年轻人现在以开日本的小跑车为荣。”[1]谁也没有想到，就在这一年出生的汪滔，会在未来的某一天，将“中国制造”以崭新的面貌登上世界舞台，让“中国制造”在高科技领域崭露头角。

汪滔的父亲是一位工程师，母亲是一位教师，后来父母纷纷下海到深圳经商，有了自己的实体企业。幼年时的汪滔并没有显现出特殊的天赋，学习成绩也谈不上出类拔萃，唯一与众不同的，是他对直升机超乎寻常的兴趣。汪滔父母由于工作繁忙，陪伴他的时间十分有限，从小学三年级到高中毕业，汪滔一直被安排寄宿在老师家里。正是这段寄宿经历，赋予了汪滔更多追求爱好的自由。汪滔身边没什么朋友，也缺少父母的陪伴，大部分的空闲时间他都在看漫画故事书。在汪滔上小学时，一个偶然的机会，他在系列图书《动脑筋爷爷》[2]中，看到了一个红色直升机探险的故事，书中那个爱探险、会救人的“红色直升机”就这样飞进了汪滔童年的梦里。

从那时候起，汪滔的脑海中就缓缓地浮现了一个念头，他想：“如

---

[1]资料来源：《1980 告别浪漫的年代》，吴晓波，《激荡三十年（上）》，中信出版社、浙江人民出版社，2007 年。

[2]《动脑筋爷爷》是少年儿童出版社出版的系列儿童科普读物，已知最早的一版是 1964 年，该丛书图文并茂，共 12 册，故事涉及自然界和日常生活中的事物。

果有一天，我能拥有一架自己制作的遥控飞机，指挥它在天空中飞行，想去哪儿就去哪儿，该有多好！"从此，汪滔对天空产生了无限遐想。为了更好地了解直升机，汪滔开始大量阅读与航模相关的读物，研究飞机和科学制造的原理，并收集各种各样的飞机模型玩具。这些都为他后来研发飞行系统、创办大疆创新公司打下了基础。

汪滔的父母从不过度干涉儿子的兴趣爱好。汪滔16岁那年，为了鼓励儿子提高学习成绩，父亲对他说："如果能够取得理想成绩，就奖励你一架遥控直升机！"汪滔为了得到这个梦寐以求的礼物而分外努力，甚至一度收起了心爱的航模读物，认真复习功课。终于，在一次考试中，汪滔获得了前所未有的高分，成绩得到显著提高。父亲也很快兑现了承诺，为他购买了一架高端遥控直升机，这让汪滔欣喜若狂。

收到礼物后，汪滔立刻将直升机带到一片空地，开始试飞，看着缓缓升起、在天空中自由飞翔的遥控直升机，汪滔非常兴奋。但是，这种兴奋并没有持续多久。很快，他便发现这台直升机的稳定性有限，很难控制。于是，遥控直升机在空中连续飞了没多久，就一头扎了下来，摔坏了。汪滔跑过去查看原因时，还被高速旋转的螺旋桨刮伤了手。

看着眼前这个期待已久、价值上万的高档礼物转眼变成飞不起来的"废物"，汪滔顿感失望。他想要重新将直升机组装起来，却发现一些零件已经损坏。无奈之下，他只好向父亲求助。由于父亲工作十分繁忙，没有时间帮他修理直升机，就把遥控飞机盒子上生产厂家的电话给了汪滔，让他尝试自己联系解决。

为了尽快将遥控飞机修理好，一向少言寡语的汪滔鼓足勇气与厂家联系，沟通维修事宜，厂家答应给他邮寄一些需要更换的零部件。然而，这一等便是几个月，就在汪滔都已经快要忘记维修遥控直升机的事情时，他才收到从香港寄来的零件。利用这些零件，汪滔凭借着自己所掌握的知识，竟然自己摸索着把直升机修好了。

　　修理直升机的不愉快经历，让汪滔"造直升机"的梦想变得愈加清晰，"遥控直升机太难控制了，要是有一个能够自动控制直升机飞行的东西就好了"。这是汪滔最初的简单想法，后来，这个想法成为大疆打开消费级市场的关键。当操控的难点得到解决后，无人机消费级市场的大门才真正被打开，无人机才走进了民用大时代。

　　多年以后，汪滔在谈及这段经历时表示，非常庆幸自己能够在小学时看到了那个红色直升机的漫画和故事。有人说，长大最好的模样，就是把儿时的梦想变成终身热爱的事业。在这一点上，汪滔无疑是幸运的，他成功地让梦想照进了现实，以一己之力，推动了整个无人机领域向前发展。这个世界上，能够把儿时梦想变成事业的人并不多；在把儿时的梦想变成事业后，还能坚守初心，没有把曾经的爱与热忱磨灭在疲于奔命中的人更是寥寥无几。汪滔之所以能够做到，是因为他从始至终都明白自己想要什么，他说："生活中到处都有机会，但只有做自己感兴趣的事情才能真正做好。不是所有的人生目标都看起来很完美，能够找到它并坚持下去才是大智慧。"

留学被拒，追梦港科大

"这个世界太笨了，笨得不可思议""世上没有一个人让我真正佩服"，在大众眼中，可以在公众场合肆无忌惮地说出这些话的汪滔，是一个不折不扣的狂人。学生时代的汪滔，学习成绩谈不上出众，与"学霸"并不沾边，他留学被拒、研究生攻读五年……他的导师李泽湘表示，对于汪滔是否比别人更聪明，他并不能下定论，但他可以肯定的是："学习成绩优异的人不见得在工作中能表现得非常突出。"

2001年，汪滔高中毕业，并顺利考入上海的华东师范大学电子系。华东师范大学位列国家"双一流""985工程""211工程"，在国内是一所不错的院校。如果他按部就班地上完大学，毕业后应该可以获得一份比较不错的工作。然而，一直怀揣"造直升机"梦想的汪滔并没有这样做。

入学以后，随着时间的流逝，汪滔越来越深刻地体会到，在大学所学的知识无法支持他实现"造直升机"的愿望。他担心，再这样下去会离自己的梦想越来越远。于是，2003年，汪滔在华东师范大学就读三年之后，不顾父母和老师的反对，毅然决然地从华东师范大学退学，并向斯坦福大学（Stanford University）和麻省理工学院（Massachusetts Institute of Technology）等世界一流大学递交了申请。

斯坦福大学位于美国加利福尼亚州旧金山湾区南部帕罗奥多市境内，惠普、Google、雅虎、耐克、思科等众多高科技公司的创始人都从该校毕业。毫不夸张地说，斯坦福大学为美国硅谷的形成和崛起奠定了坚实的基础。麻省理工学院是一所世界著名私立研究型大学，位于美国马萨诸塞州波士顿都市区剑桥市，与哈佛大学、斯坦福大学与加州大学伯克利分校[1]（University of California，Berkeley）并称为"美国社会不朽的学术脊梁"，搜狐公司的创始人张朝阳、中国"两弹一星"事业奠基人钱学森都曾在该校就读。从汪滔的志愿中，我们可以揣测，也许从那时起，他就已经对未来做了规划：创办公司、研发高科技产品。

遗憾的是，汪滔的留学申请并没有通过，命运给汪滔泼了一盆冷水，但没有浇灭他追求梦想的热情。彼时的 2003 年，正值"非典"疫情暴发，全国人心惶惶，一直没有收到入学申请的汪滔也做好了最坏的打算：如果改读高校的申请不能通过，那就回杭州重新参加高考，一切从头再来！

《圣经》里写道："当上帝关了这扇门，一定会为你打开另一扇门。"如果说，斯坦福大学和麻省理工学院的拒绝是上帝为汪滔关上的"一扇门"，那么，香港科技大学（The Hong Kong University of Science and Technology）的录取通知书就是上帝为他打开的"另一扇门"。留学世界一流大学的梦破碎后，汪滔选择了去香港科技大学学习电子工程学。

香港科技大学，简称"港科大"（HKUST），是一所高度国际化的研究型大学，是香港特区政府为配合经济结构转型（香港特区政府预计香港经济会转型为以高科技与商业为主）需要而创办的香港第三所大学。该校以科技和商业管理为主，人文及社会科学并重，科研平台较为完善。虽然这里不是汪滔的第一志愿，而且对当时的汪滔而言，这里很有可能只是一个退而求其次的无奈选择。但是，这里最终成了汪

---

[1] 加利福尼亚大学伯克利分校（University of California，Berkeley），简称伯克利，坐落美国旧金山湾区伯克利市，是公立研究型大学，被誉为"公立常春藤"，是美国大学协会成员，在学术界享有盛誉。

滔梦想起飞的地方。就是在这里，汪滔遇到了他人生中非常重要的导师；在这里，他开始真正探索制造飞行控制器的原型……

汪滔在香港科技大学的学习生活并不是一帆风顺的。初入学时，他就发现并没有一个匹配的专业可以让他研究飞行器，学校的学分规则也不适合他。他的本科成绩很一般。不过，汪滔对成绩并不是十分在意，骨子里有股反叛精神的他清楚地知道，如果只知道学习书本上的知识，那么未来大概率是毕业后找一份体面的工作，度过相对平稳的一生，这显然与他换学校的初衷是相违背的。

汪滔很早就意识到，在我国，有真知灼见和创新求真精神的核心人才是极为稀缺的资源。他认为，在大学中学习知识非常重要，但是，思辨能力的培养也同样重要。作为一名大学生，一定不能只会一味地低头死读书，更重要的是要能够着手规划自己的未来路径，这才是"在商业、艺术、发明活动中最为重要的部分"。

怀抱"造直升机"梦想的汪滔一直没有放弃自己的目标，他在大学里参加了两届亚太大学生机器人大赛[1]，获得了中国香港冠军和亚太区并列第三的好成绩。通过参加大赛，汪滔找回并确认了自己真正的兴趣，还找到了一些志同道合的朋友。在这个过程中，他不断地积累机械、动力、控制等方面的知识，一步步朝着梦想迈进。

梦想从来都不是一蹴而就的，而是需要你坚持不懈地努力，一点点去靠近。在那些看似不起波澜的日复一日里，梦想也许不经意间就会实现，但在那之前，你要做的就是埋头奔跑。

---

[1] 亚太大学生机器人大赛（ABU Robocon）于2002年由"亚洲太平洋地区广播电视联盟"（ABU）倡导，每年举办一届，以选拔国内制作机器人的冠军队参加亚太区桂冠的争夺。亚太大学生机器人大赛国内选拔活动是中央电视台负责组织的、在全国高校范围内选拔代表中国参加"亚广联亚太地区机器人大赛"的选手的预选赛。

得了"C"的毕业设计

美国实用主义哲学家约翰·杜威[1]有一句至理名言："科学的每一项巨大成就，都是以大胆的幻想为出发点的。"而要把"幻想"变为现实，注定是一个崎岖又艰难的过程，除了要有根植于骨子里的热爱和执着，还要有不畏挫折、勇往直前的勇气。

多年来，16 岁时那架从天空中跌落的遥控直升机一直萦绕在汪滔的脑海中。伴随着年龄的增长和知识经验的积累，年少时造一个可以"自动控制直升机飞行的东西"的梦想，非但没有消散，反而变得愈发清晰可见。2015 年，即将毕业的汪滔在选择毕业课题时，毅然决然地选择了研究遥控直升机控制系统这一方向，他想要解决的核心问题，就是源自年少的幻想——希望可以让直升机随意控制甚至自由地悬停。

当时，根据学校的制度，本科生的毕业课题方向是由学校决定的，学生并没有自主选择的权利。最初，当汪滔提出自己这一想法时，老师明确表示了反对，但一向执着的汪滔当然不会轻易选择放弃，他很快便找到了两位同样对这个课题非常感兴趣的同学，三个人一起去找

---

[1]约翰·杜威（John Dewey，1859 年 10 月 20 日 — 1952 年 6 月 1 日），美国著名哲学家、教育家、心理学家，实用主义的集大成者，也是机能主义心理学和现代教育学的创始人之一。

老师商议，努力说服老师。经过一番"软磨硬泡"，最终老师被他们的坚持和眼里的渴望所打动，表示虽然这有些不合常理，但是鉴于这个研究方向和他们的专业也存在一定关联性，便破例同意了他们的请求。香港科技大学一向非常注重学生进行科学研究，在毕业课题申请通过后，汪滔和其他两位同学又通过种种方式从学校申请到了 1.8 万港币作为研究经费。

一切准备就绪，汪滔和他的小伙伴十分兴奋地开始了自己的研究课题，汪滔曾这样评价自己："我觉得自己的性格里有天真的成分，从小喜欢一个东西，就希望把它变成现实。"这个毕业课题的研究，无疑让他觉得自己离儿时的梦想又近了一步。

探索儿时的梦想，听起来很美好，但是，科学研究从来就不是一件浪漫的事。相反，研究的过程往往枯燥乏味，而且常常要面临"无路可走"的困境。汪滔非常清楚，遥控直升机控制系统绝不能只凭一腔热血，探索规律、弄清直升机飞行的关键原理、突破技术掣肘才是成功的关键。这就要求他们不仅要大量查阅与飞行系统相关的科技知识，还要有较强的动手制作能力。工作任务异常艰巨，研究的强度和难度都极大。因为有梦想作支撑，汪滔对这个课题表现出了前所未有的热情。

在接下来的时间里，汪滔和他的两位伙伴几乎把所有的精力都投入到了研究中。飞行系统的设计涉及空气动力、结构强度、能源动力、自动控制等多个专业技术领域，设计环节复杂，只要一个环节出现问题，就有可能让所有的努力都付诸东流。为了保证取得理想的结果，几乎大半年的时间，汪滔都过着教室、宿舍和图书馆三点一线的生活，甚至不惜为此逃课，通宵达旦地研究，逐一解决直升机的机体结构、动力系统和控制系统等各种问题，他们对每一个细节都进行了反复的调试和验证。

就像风雨过后不一定可以看到彩虹一样，并不是所有的努力，都会取得立竿见影的好结果。经过几个月的努力，研究经费也所剩无几，汪滔和伙伴的遥控直升机的飞行控制系统终于成功被研发出来。然而，就在毕业作品进行最终展示的前一天，他们所研发的机载计算机的悬停功能出现了问题，导致最终演示阶段的失败。

直到今天，仍然有很多人记得汪滔试飞遥控直升机那一天的场景。那一天，很多人慕名前来围观，伴随着"嗡—嗡—嗡"的轰鸣声，以及老师、同学充满期待的目光，汪滔操控的遥控直升机扶摇直上，成功飞到了空中，引发了众人的欢呼。作为操控者，地面上汪滔紧张的心情却并没有因此而放松，这是因为后面的悬停展示才是验证成败的关键。他小心翼翼地观察和调整着，遗憾的是，无论他怎样努力，这个遥控直升机都只能像蜻蜓点水一样忽上忽下，始终无法平稳地悬停在空中。最后，历史再一次重演，和汪滔所拥有的第一架遥控直升机一样，这架汪滔费尽心力研究出来的、本应悬停在空中的遥控直升机同样突然失灵，从天空中落下，重重摔到了地上。

伤心、懊恼？我们不知道当时的汪滔，是怀着怎样的心情来面对这一始料未及的结果。虽然知道已经于事无补，但他在回去之后，还是将这个突然失控的遥控直升机重新拆开，仔细研究和调试，希望找到问题所在。这次失败的成果演示，使得汪滔的毕业设计成绩最终只拿到了"C"。一般情况下，A级代表着85—100分，B级代表75—84.9分，C级代表60—74.9分，D级则是60分以下。"C"意味着汪滔的科研成果处于一个勉强及格的水平。

这个不理想的成绩，不仅直接让汪滔失去了去英国帝国理工大学、德国慕尼黑大学等欧洲名校继续深造的机会，同时也让他再次面临艰难的选择：一是放弃继续深造，以本科生的身份毕业，找工作上班；二是留在学校读研究生，重新进行毕业课题研究，并且必须取得"A"级的成绩。

　　塞翁失马，焉知非福。在当时看来，这次毕业设计的尝试对于汪滔而言，绝对称不上是一次愉快的经历，大半年的辛苦，非但没有取得相应的回报，反而让他再次痛失去国外名校深造的机会。但也正是这次尝试，为他打开了创业的大门，谁也没有想到，多年后，这个得了"C"的毕业设计却衍生出一家引领全行业发展潮流的中国企业。

贵人李泽湘

"苦心人，天不负"，惊喜，往往是上天眷顾努力之人的方式。失败的飞行展示、不甚理想的毕业设计成绩以及失之交臂的欧洲名校留学机会，着实让汪滔懊恼了一段时间。但人有旦夕祸福，毕业的日子越来越近，就在汪滔不知该何去何从、作何选择的时候，得到了一个意外的消息——他已经被人引荐继续留校读研究生了！引荐他的人正是香港科技大学电子与计算机工程学系教授、自动化技术中心主任李泽湘先生。

李泽湘于 1961 年生于湖南省蓝山县，成绩优异，自小就是"别人家的孩子"。1978 年，中国高考制度恢复的第二年，本来在校办工厂当车工的李泽湘参加高考，并顺利考上了中南矿冶学院（现中南大学）[1]。大学期间，因表现突出，李泽湘被派往美国留学深造。在卡内基梅隆大学（Carnegie Mellon University）[2] 拿到电机工程与

---

[1] 中南大学（Central South University），位于湖南省长沙市，是中华人民共和国教育部直属的全国重点大学，中央直管副部级建制，位列国家"双一流""985 工程""211 工程"。

[2] 卡内基梅隆大学（Carnegie Mellon University，简称 CMU）坐落于美国宾夕法尼亚州的匹兹堡，是一所拥有 14,800 名在校学生和 1,483 名教职及科研人员的大学，是美国 25 所新常春藤盟校之一。

经济学双学士学位，并在加利福尼亚州大学伯克利分校（University of California, Berkeley）[1]完成了硕士、博士学业，这为他今后的创业打下了坚实的基础。1992年，在国外已经有所成就的李泽湘选择回国，并在刚成立不久的港科大任职。在这里，他创办了自动化技术研究中心。

李泽湘并不是传统意义上的学者，除了教授，他还有一个非常重要的身份——创业者。1999年，李泽湘创建了固高科技[2]，开始深入探索自动化制造领域。在美国留学和工作十几年后，李泽湘对于国外在自动化制造领域所进行的投入和取得的结果有着非常深刻的认知，他深知当时的中国制造业虽然已经取得了一些突破性发展。但是，由于技术及人才等因素的限制，中国自动化制造水平远远比不上美国、德国、日本等发达国家。怀着"为中国制造正名"的神圣使命，李泽湘创办了固高科技，"成为全球领先的工业装备自动化综合解决方案商"就是固高科技的企业愿景。固高科技也确实没有让人失望，早在2006年，该公司就已经发展成为国内运动控制领域的佼佼者。

在李泽湘看来，中国制造业要想真正由大变强，从追赶者变成领导者，最重要的就是要创新，这就需要大量进行产业创新的人才。但是，他发现当前实验室培养出来的学生大多都没有这样的志向和能力。在创办固高科技的同时，他一直致力于找到一种可以更加契合产业需求、培养出"能用科技创造新东西的人"的工科教育方式，他将这种教育方式称之为"新工科"教育。

---

［1］加州大学伯克利分校（University of California, Berkeley, 简称 UC Berkeley, Berkeley, California, 或 Cal）位于美国加州西部小城伯克利。是世界著名公立研究型大学，在美国学术界享有盛誉，被称为"公立常春藤"。

［2］固高科技（香港）有限公司（Googol Technology (HK) Limited）创立于1999年7月，是亚太地区首家拥有自主知识产权，专业从事高速、高精度运动控制器产品及其相关产品的设计、制造、营销以及技术服务的高科技公司。

　　李泽湘认为做学术最重要的并不是发表多少文章，而是要能够给周边的产业和经济带来切实的影响。"大学研究必须对产业的发展产生影响，才能显现出大学的意义。大学里最重要的成果应该是学生，而不是论文。"[1]因此，相比论文成果，李泽湘更看重一个人是否具有钻研精神、动手能力、创新精神等。出于这一目的，他在港科大开设了一门特殊的新课程——机器人比赛。与传统的老师在上面讲、学生在下面听的授课方式不同，这门课程要求所有学生在经过八个月魔鬼式的训练后，要做出切实的机器人原型机参加比赛。这就要求学生在训练的过程中，不仅要熟练掌握机械、软件系统相关设计知识，还要拥有良好的合作意识，并且对深圳的产业链有一定了解，这门课，汪滔修了两次。

　　汪滔进行毕业设计展示那天，李泽湘也在现场，就在众人都纷纷嘲讽汪滔年少轻狂，浪费学校的人力、物力，只研究出这样一个不合格产品的时候，他却看到了这个少年对技术的接受、理解以及应用能力，看到了这个少年的组织领导能力和创新能力，他觉得这是一个可塑之才。于是，他引荐汪滔成为自己门下的研究生。

　　在中国工业中低端向中高端迈进的过程中，李泽湘一直身处最前沿。身为学者，李泽湘不仅自己积极创业，还非常擅长在高科技领域挖掘人才，鼓励和支持他们创业，除了大疆，他还成功孵化了李群自动化、逸动科技、云鲸智能、正浩创新等多家知名企业。李泽湘认为，创业就像走夜路，当人多了，手里有了手电筒等工具后，就不会再害怕，而他所做的就是"吸引更多的人，不断把走夜路的经验传递给他们"。李泽湘希望未来能够在中国培育起一个可以有效助力中国工业制造业改革的机器人产业。

　　至于为什么会选择走这条路，这恐怕要追溯到很早以前李泽湘看

---

[1]资料来源：《机器人总动员 | 李泽湘和他的门徒》，郑玥，《极客公园》，2021-12-08。

过的一场电影：1981 年，初到美国留学的李泽湘在一家影院观看了电影《007 之最高机密》[1]，这是他在美国观看的第一场电影。电影中的 007 号特工詹姆斯·邦德随身佩戴的高科技产品引起了李泽湘的兴趣，这就是他灵感的起源，"他们用于观察、暗中监视以及杀人的各种技术——那就是机器人"。

遇到李泽湘，可以说是汪滔生命中非常重要的一个转折点。李泽湘的出现对汪滔、大疆乃至整个中国制造业都有着不可忽视的作用，他不仅给了汪滔继续留校攻读研究生的机会，还是大疆早期的顾问及投资者之一，是大疆多次遭遇危机与转折的重要时刻提供适当决策的人、资金以及人才帮助的支持者，说他是汪滔的贵人，可谓实至名归！

如果说汪滔是一匹身怀绝技的千里马，那么李泽湘就是他生命中的伯乐，是他慧眼识珠，看到了汪滔的"独一无二"，给了汪滔充足展示自我的空间和机会；是他鼓励汪滔去深圳创业，并且在大疆最初发展最困难的时候给予相应的支持，帮助大疆成功走出黑暗；是他建议大疆先拿下国外市场然后转回国内，并在消费级市场之外拓展更多的应用场景……

《幽兰操》里有这样一句话："合作如兰，扬扬其香；采而佩之，共赢四方。"意思是说，人与人之间的相处，若能彼此成全，方可互相成就。其实，从某种意义上来讲，李泽湘和汪滔对于彼此而言，都是生命中非常重要的人，他们是师徒，更是良好的合作伙伴，李泽湘慧眼识珠、因材施教，成了汪滔的直升机梦想；汪滔让"中国制造"在欧美高科技领域大放异彩，回馈了师父的栽培之恩。世界上最高级的关系，就是相互成全。

---

[1]《007 之最高机密》是约翰·格兰执导，罗杰·摩尔、卡洛尔·布盖等主演的动作片。该片是 007 系列电影的第十二集，于 1981 年 6 月 26 日在美国上映。

大疆诞生前夜：宿舍造出黑科技

在科学研究这条道路上，从来没有无缘无故的幸运，每个成功者的背后，都有一段咬牙坚持、默默努力的时光。

在李泽湘的推荐下，汪滔顺利在港科大开启了自己的研究生之旅。在这期间，他除了攻读研究生课程，就是进一步改进自己的直升机飞行控制系统。那个得了"C"的毕业设计、掉落下来的直升机始终是扎在他心中的一根刺，他不但因此失去了去欧洲名校深造的机会，还在老师、同学面前丢了面子，更重要的是，让自己造直升机的梦想受到重创。

然而，汪滔没有退缩。他决定不仅要对直升机原有的错误进行修正，还要对系统进行升级，将操作方式由手动遥控改为自动。这样，即使是非专业的普通人，也可以轻松实现对直升机的操控。为了实现这一目标，汪滔和他的伙伴们废寝忘食地反复研究和尝试。那时，在汪滔宿舍中，最常看见的一个场景就是一个带着黑边框眼镜的年轻人聚精会神地摆弄着手里的直升机模型。为了理清飞行系统中各个环节、部件之间的关系，实现紧密配合，汪滔常常研究到深夜。

苦苦奋战一年多，在经历过无数次失败、调试后，汪滔和他的团队终于迎来了曙光。2006年1月，他们拿到了改进后的遥控直升机样品，并再次进行试飞。相比上一次，这次汪滔和伙伴们的信心更加充足，操纵也更加谨慎，在对飞行系统的所有软硬件和控制器进行全面检查后，他们才小心翼翼地打开遥控器的电源，在汪滔的操控下，螺旋桨很快便开始高速旋转，直升机上升到了空中。随后，伴随汪滔对控制杆方向的操控，直升机前进、后退、左转、右转、上升、降落、悬停……所有飞行动作都十分完美，整个飞行过程直升机都非常平稳，这是一次非常成功的试飞！

后来，在谈及最难忘的时刻时，汪滔说："对我来说，最难忘的时刻是 2006 年 1 月我们的直升机开始自动在空中盘旋的时候。"在经历了无数次从满怀希望到失望的过程，无数个日日夜夜的坚持后，汪滔终于证明了自己毕业设计的理论设想是可以实现的，他的探索方向是正确的，他用实际行动给自己的毕业设计重新交上了一份满意的答卷！从 16 岁到 26 岁，整整 10 年，汪滔成功将自己造直升机的梦想照进了现实。这个试飞成功的直升机，为大疆的诞生奠定了基础。

事实上，早在对直升机飞行系统进行改进的过程中，汪滔就在心中做好了创业的决定，他曾告诉同学："等到遥控直升机的样品成功造出来后，我就去创办一家公司！"彼时的同学对此并没有在意，只是提醒他创业需要大量的资金，让他考虑清楚。汪滔也没有作过多的解释，但是执着如他，估计心中早已经有了自己的规划。

汪滔非常清楚，创业不是游戏，这是一个需要长期耐力且不断思考学习的过程，绝不能盲目冲动，要考虑市场的需求。于是，抱着试试看的态度，汪滔在航模爱好者论坛上，发布了他们研发出来的第一台样品机，售价 5 万元。令人没想到的是，仅仅几天后，汪滔便收到了第一份订单。经过核算，这台样品的成本大约是 1.5 万元，也就是说，这一单他们的盈利为 3.5 万元。更重要的是，这次交易让他们看到了这一领域的市场需求，有市场需求就意味着存在挣钱的希望。因此，在和两位同学商定后，他们决定去深圳创业。

2006 年 3 月，在导师李泽湘的支持与鼓励下，汪滔带领着两位同学，还有父母资助的 20 万元创业启动金，在深圳车公庙[1] 舅舅单位的一间不足 20 平方米的仓库里，成立了"大疆"公司。后来，汪滔回忆时表示，当时的他对产品的市场规模并不是十分了解，他只是抱着一个非常简单的想法，"开发一款产品，能养活一个 10 到 20 人的团队就行了"。彼时的他一定没有想到，仅仅几年后，大疆无人机就成为我国制造业一道亮丽的风景！

人生最难的突破是从 0 到 1，万事开头难，创业亦是如此。今天来看，汪滔的创业故事极具传奇与励志的色彩：白手起家，一间小仓库、三个人的团队，没有营业模式，也没有资源支持，仅凭一腔热血，却只用几年时间便发展为销售全球的巨头企业。但其中的艰辛，恐怕只有汪滔个人才能体会。就像大疆官网在"关于大疆"的创始人寄语中所写的"事实上，没有不需要埋头苦干就能获得的成功，没有只靠夸夸其谈就能成就的事业，没有从天而降的高科技产品。追求卓越，需要无数苦思冥想的深夜，需要愿意向前一步的担当，更需要敢于大声说出真相的勇气"。

创业九死一生，一家创业企业的成功，也许无法复制，但一定有迹可循！中国制造业的全面崛起，需要拥有更多像大疆这样的高科技企业。

---

[1] 车公庙位于深圳市福田中心区，在深南大道与香蜜湖路立交桥西侧的深南大道中央绿化带下，沿深南大道东西向。

第二章

创业初期：黎明前的黑暗

　　伟大是熬出来的，几乎每一个成功的企业家背后，都曾经历过一段艰难的至暗时刻。汪滔从大学宿舍起步，边读书边创业，选择了当时还未进入大众视野的无人机领域。这一切，都注定了他的创业路不会一帆风顺。幸运的是，依靠对行业的热爱与坚持，他最终成功走出阴霾，迎来阳光。

大疆初启航

时至今日，仍然有人质疑：为什么汪滔要选择到深圳创业，而不是自己的家乡——曾经孕育了阿里巴巴、娃哈哈、绿城集团、海康威视等诸多知名企业的杭州？实际上，汪滔之所以会选择让自己的无人机梦想在深圳"起飞"，是偶然，也是必然。

深圳，有一个别名叫"鹏城"，该别名一方面来自深圳的大鹏所城，大鹏所城全称为"大鹏守御千户所城"，建于明洪武二十七年（1394年），是明清两代中国海防的军事要塞，有"沿海所城，大鹏为最"之称；另一方面取"鹏程"之意，用来比喻深圳经济特区在改革开放进程中发展速度之快，像展翅高飞的大鹏，日行万里。

从无高等院校、无科研院所，到发展成为"中国硅谷"，深圳成功的关键在于解决了中国产业转型升级过程中，装备制造的核心技术问题和人才问题。作为中国改革开放的窗口和试验场，深圳充分利用地理位置优势，多举措推进企业加强经贸往来、研发投入、产业布局以及产品创新。在技术创新上，在全国多地都采取"高校、科研机构主导"的模式时，深圳却另辟蹊径，选择以企业为主体，以市场为导向的模式，鼓励企业创新，这种开放、包容的创新氛围，吸引了大批基于兴趣而非商业利益进行科学研究的创业者扎根深圳。

除了良好的创新创业氛围，产业资源也是吸引汪滔选择深圳创业的重要原因之一。2006 年汪滔创办大疆时，深圳已经拥有了较强的产业配套能力，无人机所需要的碳纤维材料、芯片、摄像头、特种塑料、锂电池等，都可以轻易地找到。大疆起步的仓库，位于深圳市福田中心区，有"中国电子第一街"之称、"打个喷嚏，世界电子市场就会感冒"的华强北也位于该区。在那个电商还未崛起的年代，华强北称得上是全国电子零售商拿货圣地，这无疑为汪滔等人在原材料的采购上提供了极大的便利。

"大疆"就是大志无疆的意思。我们可以想象，当时的汪滔是怀着怎样的志向与抱负，渴望在无人机领域大展拳脚，开拓出一片天地。但创业从来都是一件异常艰难的事情，往往要面临各种各样的问题。小米创始人雷军在其母校武汉大学演讲时，就曾吐槽"创业绝对不是人干的活儿"。几乎所有的创业者都要经历一段在理想与现实之间挣扎的痛苦时光。很快，汪滔便遇到一些非常现实的问题。

人才招揽困难。大疆早期的办公地点是一间不足 20 平方米的仓库，这给招聘带来了极大的困难。许多面试者一看到这么简陋甚至可以称得上是艰苦的办公环境，掉头就走，甚至有人直言："这哪里是公司，看起来就是一个骗人的作坊！"虽然后来大疆从仓库搬到了深圳莲花北村一间三居室的民房中，但是破落的办公环境仍然吓退了很多求职者，导致当时的大疆很难招到合适的高科技人才。

公司愿景不明。大疆成立之初，无人机还非常小众，常常需要航模爱好者们从不同商家处买来机架、飞控、云台、桨叶等各种零部件，然后自己 DIY[1] 组装在一起。而大疆起初锁定的就是飞控。任何一个科技企业的起步，都必然是一个艰难的长期过程，技术的革新需要时间的验证，失败是常态。

---

[1] DIY，是 "Do It Yourself" 的英文缩写，意思是自己动手制作。DIY 最初兴起于电脑的拼装，并逐渐演绎成一种流行生活方式。

在汪滔的带领下，大疆初始团队几乎达到了废寝忘食的地步。每天工作时间多达十几个小时，他们反复尝试、调整，常常为了解决一个细微问题，花费大量的时间。仅是抖动这一项，他们就曾尝试了数十种解决方法，但收效甚微。在一次飞行演示过程中，他们操纵的无人机在飞往民生大厦的途中坠落，差点使路人受伤。反复的失败，很容易让人产生严重的挫败感，甚至陷入自我怀疑。人最怕的从来都不是失望，而是看不到希望。大疆初始团队坚持了一年，还没有看到任何可喜成果，许多员工开始怀疑自己坚持的意义，并对公司的前景表示担忧。

缺乏资金。从理论上来讲，无人机的发展拥有较为广阔的前景，但是初创阶段的大疆，所面临的还是一个充满不确定性的小众市场。如何让企业活下去，坚持到光明时刻的来临，是当时汪滔所面对的最重要、也是最现实的问题。

彼时的汪滔没有资金，不懂企业管理，也不懂营销，凭借一腔热血，几乎将所有精力都放在了产品的研发和打磨上。很长一段时间，大疆都是依靠向高校和国有电力公司销售零部件来维持生存，汪滔的奖学金也都被用到了企业运营上。当时的大疆一直处在入不敷出的状态，靠最初筹集的创业资金支撑着，但是钱总有花完的时候，到了2006年底，公司账上可用资金仅有2万元，公司面临着生存危机。

此时，汪滔再一次站到了选择的十字路口：是继续坚持下去，还是回校专注于学业？汪滔是一个执着的人，他很清楚，古今中外，凡是能成就一番大事业的人，都是特别能耐得住寂寞的。因此，虽然一路走来非常艰辛，但他从未想过放弃。他对梦想的执着以及对无人机领域的宏伟构想，也打动了很多人，其中就包括他的家族世交陆迪。在得知汪滔面临的困境后，陆迪慷慨解囊，拿出约9万美元向大疆进行战略投资。随后，陆迪还选择加入了汪滔的创业团队，主要负责财务工作。"这是大疆历史上唯一一次需要外部资金的时刻。"多年后，汪滔这样评价陆迪的这次投资。

内部矛盾爆发，"众叛亲离"

商业很残酷，温饱不解决，梦想很难追求，如果一家企业始终无法实现盈利，很容易让那些怀揣梦想而来的人失去最初的热情。没有商业模式和营销概念，公司前景一片渺茫，再加上汪滔的强硬性格等种种原因，与其一起研究毕业课题、一起来深圳创业的两位同学，并没有像最初期待的，三个人一直走下去，而是选择相继离开：一个出国深造，另一个决定另谋工作。

在这样的情况下，汪滔不得不加大招人力度，他在网络上不断发布招聘广告，不停地约面试，希望能为团队吸引更多的研发人才。当一个行业市场方向还不明朗的时候，在人才引进上往往缺乏吸引力，这时愿意加入汪滔团队的，往往是对无人机行业有所认知和拥有较高热情的技术人才，他们不着眼于眼前短期利益，愿意在技术上进行钻研。功夫不负苦心人，在经过一段时间的反复面试、拒绝与被拒绝后，汪滔终于找到了包括卢致辉、陈楚强、陈金颖等在内的一些志同道合的人才，组成了大疆的核心团队。

当时的卢致辉还是一名大四的学生，就读于哈工大信电学院。在接到大疆的面试邀请电话时，他正在东莞一家公司实习，主要是做浴缸控制器。对于这份工作，他的感觉是"实在太无聊"，因此他开始在网上海投简历，希望换一份有意思的工作。在此之前，卢致辉对大疆、无人机知之甚少，电话结束后，他就去网上查阅了和这家公司有关的信息，结果只得到了该公司参加了 2006 年珠海航展的消息。对于汪滔，他的了解也仅限于港科大学生，曾经在机器人大赛上得过奖。[1]就是这极其有限的消息，让卢致辉做了一个大胆的决定：辞职，去深圳！此时一心想换一份不那么无聊工作的他并没意识到，他的这个决定意味着什么，更没有想到这会给他的职业生涯带来翻天覆地的变化，让他和无人机从此结下了不解之缘。

和卢致辉一样，陈金颖、陈楚强都是从原来的工作岗位跳槽进入大疆的。其中，陈楚强为了能进入大疆从事自己喜爱的无人机研究工作，不惜提前和前公司解除合同，并因此赔偿了前公司 3 万元的违约金。这在当时绝对是一笔不小的数目，陈楚强因此还得到了"陈三万"的绰号。后来，在被问及为什么会选择默默无闻的大疆时，三个人都表示，大疆最吸引他们的是对创新技术的研发，这让他们有兴奋的感觉。

在大疆的这个初创团队，有技术背景的只有汪滔一人，所以，汪滔还担任了技术导师的角色。对于一个创业团队而言，每天工作十几个小时几乎是一件再普通不过的事。汪滔个性很强，又是一个对产品要求极为苛刻的人，而且他打电话从来不管时间，即使是半夜，只要有想法，他就会立刻打电话同员工探讨。这让员工们苦恼不已，为此，在下班时间，有人选择将手机放到铁盒子里，有人则直接关机，年纪最小的卢致辉不敢不接，所以当汪滔无法找到其他两人时，就会给卢致辉打电话。

巨大的工作强度，强硬的管理作风，入不敷出的经营模式……慢慢地，这个团队开始爆发内部矛盾，还没等第一代产品问世，团队成员陆续出走。在几个骨干成员中，卢致辉是最早选择离开的，2008 年

---

[1]资料来源：《大疆初创员工都去哪儿了？》，汪金红，《雷锋网》，2016-04-13。

底，卢致辉从大疆辞职去了艾特航空任职，当时该公司在业内名气很大，大疆还在亏损时，他们就已经实现了超千万元的盈利。在这里，卢致辉充分发挥自身优势，组建了消费级无人机研发团队，仅仅一年，团队盈利就超过百万元。之后，卢致辉又离开艾特航空加入了一电科技[1]，想要在这里复制在艾特航空的做法。但是，进入一电科技三个月后，由于理念和老板发生分歧，卢致辉最终选择辞职自主创业，创立了科比特，以打造工业无人机为主。

就在卢致辉离开不到半年的时间里，陈楚强和陈金颖也都相继退出大疆。此后，从艾特航空到一电科技，陈楚强一直跟随着卢致辉。不过，在卢致辉离开一电科技时，陈楚强并没有追随。2011年，陈楚强也走上了自主创业的道路，这一次他选择的是卫星通信领域，并且在行业内也取得了一定成绩。陈金颖则在离开大疆后创立了云雀科技，主要业务是提供FPV[2]飞行器解决方案，遗憾的是该公司发展并不顺利，在关闭云雀科技之后，陈金颖进入了卢致辉的科比特工作。

这是一段被汪滔称为"黎明前的黑暗"的时间。创业两年，产品未出，所有人都离开了。为什么会这样？有人说汪滔太过独断专行，无法忍受他的管理方式。对此，汪滔在接受《福布斯》采访时，曾坦言自己是"不招人待见的完美主义者"，"当时也让员工们伤透了心"；还有人说汪滔在股权分配上太过小气，在公司成立之初，汪滔提出的股权分配方法是其他团队成员共可以取得40%的股份。对于这种方式，

---

[1]深圳一电科技有限公司专注于装备级无人机系统、高端智能光电系统、高端碳纤维制品等产品的研产销，产品应用于军用、警用、行业、民用四大领域，提供安全人工智能产品和解决方案。

[2]FPV是英文First Person View的缩写，即"第一人称主视角"，它是一种基于遥控航空模型或者车辆模型上加装无线摄像头回传设备，在地面看屏幕操控模型的新玩法。

大家都比较满意，但是后来，该分配方案一再调整，汪滔开始主张按照技术水平进行股权分配，再加上融资等原因，他们所占的股份一跌再跌，逐步从 40% 变为 20%，后来又变为了 5%，这自然就引发了一些员工的不满。

除了上述原因，卢致辉表示他之所以下定决心离开，最主要是因为公司一直没有盈利，这让他对汪滔的方向产生了怀疑，还有由于接受融资，公司空降了一位对技术一窍不通的管理者，这让潜心研究技术的几个人感到很郁闷，觉得很难"玩"到一起。

创业团队的分分合合本身并不奇怪，因为创业本身就是一个不断试错和调整的过程。但如此高的人员流动率，也从侧面反映出大疆早期在人员管理方面是有所欠缺的。

在大疆成长为全球估值最高的无人机企业后，很多人为卢致辉等人感到惋惜。但是，他们三人在接受采访时均表示，从未后悔过。其实，很多事情没有必要一定要有好的结果，因为它的存在本身就很美好，就像卢致辉等人从未后悔过离开大疆一样，相信他们也从来没有后悔当初不顾一切地加入大疆。

与珠峰第一次"亲密接触"

在创业之初，每个创业者几乎都会经历一个阵痛期。核心创始团队成员的离开，对于彼时的大疆而言无疑是雪上加霜，接踵而来的问题给了汪滔当头一棒，让他开始认真思考：创业真的不是一件容易的事，绝不是开始想的招几个人，做几款产品，养活几个人那么简单。

其实，这次巨大的人事变动，汪滔并不是毫无预感，彼时的大疆已经成立两年，还处于产品未出的真空期，且面临着资金短缺的艰难险境，汪滔也并非像表面那样淡定，"以我的经验，公司如果没有特别大的起色，两年可能是一个人耐心的极限"。因此，在努力研发更为优质飞控系统的同时，汪滔也在寻找办法让大疆"活"下去。最初，汪滔曾尝试在航模爱好者论坛上售卖自己的直升机飞控，但是市场反响非常一般。为了解决资金危机，汪滔一度差点将大疆的直升机飞控的代码卖给零度智控创始人杨建军。

零度智控于2007年，也就是大疆起步的第二年，成立于北京，其创始人杨建军毕业于清华大学电子工程系。和大多数科研出身的创业者一样，杨建军本身也是一个做事极为严谨的人，之所以给公司命名为"零度"，就是因为他希望公司能够始终秉承航天领域所提倡的"归零"精神——不忽略任何一个小问题，只要问题没有归零，就不能盲目进行下一次试验。当时的无人机市场还处于萌芽期，所有进入该领域的人几乎都是摸着石头过河，杨建军也遇到了很多棘手的问题，为了找到问题的解决方法，杨建军来到了深圳拜访同行。当时的大疆在业内已经小有名气，是杨建军的拜访对象之一。

就是在这次拜访中，杨建军向汪滔提出想要购买大疆直升机飞控代码的意愿，但是其15万元的报价在汪滔看来实在太少了。也许在早些时候，15万人民币的技术转让报价对于大疆而言的确是一笔非常可观的收入。然而，当时的大疆虽然内忧外患，危机重重，但在资金上，除了汪滔早期投入的20万元创业金和家族世交陆迪的50万元投资外，其导师李泽湘还联合哈尔滨工业大学副教授、博士生导师朱晓蕊向大疆投资了100万元。当时，在汪滔眼中，大疆的内部估值大约在300万人民币，所以杨建军的15万人民币并没有办法打动他。

在杨建军看来，他所能接受的最高价格就是15万元，如果超过这个数额，还不如自己亲自研发。就这样，这次交易并没有达成。

就在此次见面后不久，大疆的内部矛盾彻底爆发，核心创业团队成员先后离开。对创业初期的企业而言，核心成员的离开无疑是一个巨大的打击，但这并没有打垮汪滔。事实上早些时候，在向大疆投资100万元的同时，朱晓蕊教授也顺势成了大疆的首席科学家，他带领学生帮助大疆攻克了很多技术难题，并且还积极地将自己的学生引荐到大疆，为大疆技术队伍的建设起到了非常重要的作用。

很快，汪滔便组建完成大疆的第二个主创团队，总算有惊无险地度过了创业以来面临的第一次真正意义上的危机，并带领他的团队继续在飞控系统的研发上下功夫。2009年，大疆成立三年后，第一代里程碑产品无人机飞控xp3.1终于正式问世。这款飞控系统的出现实现了汪滔在无人操作的情况下，让直升机可以在空中自动悬停的设想。多年前，那个16岁少年许下的梦想，终于变成了现实。

为了实现无人机技术的突破，拓展应用领域，汪滔和他的科研团队将飞行测试的地点选在了西藏高寒地区。这里空气稀薄，低温缺氧，且天气恶劣，无人机在这里的飞行必须要考虑突发的雨雪、高温、大风等情况。针对这些特点，汪滔团队全面改进了无人机的设计。面对随时有可能出现的恶劣天气，飞行的稳定性非常重要。为此，在设计上，他们采用了零污染的电动技术，尽可能地加长无人机的留空时间。

2009 年，汪滔和研发团队带着这款命名为"珠峰号"的无人机，来到了西藏第一城堡——雍布拉康[1]进行飞行测试。"珠峰号"采用了 37V 锂电池，飞行速度最高可达 70km/h，续航时间在 1 个小时以上。[2]该无人机不但能进行半径 1 公里内的半自动遥控飞行，还能进行控制范围达 10 公里的导航点全自动飞行，悬停精度在 0.3m 左右，而速度精度则在 0.1m/s 左右。首次飞行测试进行得非常顺利，"珠峰号"不负众望，圆满地完成任务，成功获取每一组高原飞行的数据。

"珠峰号"的第二个试飞地点选在了羊卓雍措[3]。羊卓雍措是青藏高原上的三大圣湖之一，面积为 638 平方公里，湖面高 4441 米，是世界上海拔最高的淡水湖。在这里，"珠峰号"顶着 6 级大风的压力，上升到 5000 米到 5500 米的海拔高度，精准无误地完成了对羊卓雍措的全面录像工作。

随后，汪滔团队又带着"珠峰号"来到全球海拔最高的寺庙——西藏绒布寺[4]，对其周围进行飞行与航拍实验。该寺海拔约 5000 米，

---

[1] 雍布拉康位于西藏山南市乃东区泽当街道 11 公里的扎西次日山上。"雍布"意为"母鹿"，因扎西次日山形似母鹿而得名，"拉康"意为"神殿"。

[2] 资料来源：《"珠峰号"无人直升机成功完成西藏高寒地区试验》，工业和信息化部网站，2009-07-14。

[3] 羊卓雍措（YamdrokTso），又名羊湖雍措。有的人简称羊湖（并非藏北的羊湖），藏语意为"碧玉湖"，是西藏三大圣湖之一。

[4] 绒布寺（也称龙布寺）全称"拉堆查绒布冬阿曲林寺"，属西藏宁玛派寺庙，位于西藏日喀则地区定日县巴松乡南面珠穆朗玛峰下绒布沟东西侧的"卓玛"（度母）山顶，距县驻地九十公里，海拔约 5154 米，地势高峻寒冷，是世界上海拔最高的寺庙，位于珠穆朗玛峰脚下绒布冰川的末端。

其与珠穆朗玛峰的直线距离仅有 20 多公里，这是人类历史上第一次通过无人机对世界第一高峰——珠穆朗玛峰进行近距离的飞行航拍。此次试飞再次取得了圆满成功。

继绒布寺之后，"珠峰号"无人机还先后完成了对日喀则市的卡若拉冰川[1]、山南市拿日雍措的牦牛群以及原始森林的飞行和航拍实验，至此，此次"珠峰号"的试飞实验取得了圆满成功。

其实，早在"珠峰号"试飞成功之前，大疆就已经凭借在汶川大地震救灾援助过程中的出色表现吸引了业内的注意，建立起了一定的品牌影响。2008 年 5 月 12 日，四川汶川县发生 7.8 级地震，灾情发生后，大疆第一时间和有关部门取得了联系，并安排相关人员携带无人机快速抵达灾害现场，先后在绵竹汉旺镇、绵竹洛水镇、北川县城及上游堰塞湖、茶坪河流域、青川等多个受灾地区进行勘察和拍摄工作，向当地政府提供了上千张灾后照片，助力推动灾后救援与重建工作的顺利展开。

珠峰地区的成功试飞可以说创造了无人机领域的奇迹，更是将大疆的影响力直接扩散到了国际，为大疆插上了腾飞的翅膀。试飞取得成功后不久，汪滔团队迅速将这款较为成熟的产品投向市场，凭借自身强大的技术优势，该产品一经上市便受到了广大无人机爱好者的追捧。很快，大疆便陆续接到了该产品的订单，平均每月售出数量为 20 台左右，以 2 万元每台的价格来计算，这套无人机飞控一年便为大疆创造了超过400 万元的收入，大疆由此成功实现了盈亏平衡。

这意味着，汪滔的大疆，终于可以如愿"活"下去了！

---

[1] 卡若拉冰川位于西藏山南地区浪卡子县和江孜县交界处，距离江孜县城约 71 公里，是西藏三大大陆型冰川之一，为年楚河东部源头。

曙光初现：横空出世的 ACE ONE

无人机飞控 XP3.1 的问世，给大疆播撒下了希望的种子，但汪滔并没有因此而沾沾自喜，止步不前。相反，在得到了市场良好反馈之后，他们又加快了前进的脚步。在"珠峰号"成功试飞的第二年，大疆又推出了新一代直升机飞控 Ace one。和 XP3.1 相比，升级后的 Ace one 更加小巧轻便，之前 XP3.1 重量大约在 700~800 克，Ace one 只有 100g，不及 XP3.1 的七分之一。同时，秉承着"只要把价格再往下降，就会出现更多的使用者"的原则，大疆新推出的 Ace one 的价格只有千元左右。

高端的品质，亲民的价格，使得 Ace one 一经推出便深受好评，销量也突飞猛进，平均每个月销量超过 1000 台，很快便成为大疆的另一条主要产品线。凭借 Ace one，在国内无人机市场，大疆的名字开始被更多的人熟知，汪滔的创业之旅，终于从"至暗"无助到"曙光"初现。

从全球看，中国的无人机市场起步较晚，而美国很早就开始了无人机领域的探索工作。1909 年，美国发明家埃尔默·斯佩里[1]所研究的用于控制飞机飞行稳定性的陀螺仪，可以算得上是现代惯性导航系

---

[1] 埃尔默·斯佩里，生于纽约州科特兰。毕业于康奈尔大学。发明了精确陀螺罗盘。

统的祖先。20 世纪 50 年代，无人机已经开始逐步被美国用于空中侦察，到了 21 世纪，美国的无人驾驶直升机市场已初具规模，在森林防护、航空拍摄、消防以及巡逻等领域积累了较大优势。汪滔认为，大疆要想改变这种落后的局面，就必须要拿出压倒性的、无须额外解释的优势，因此，汪滔瞄准了品位。

在产品力的打造上，汪滔一直秉承严谨的工作态度，谨慎地把控每一个细节。卢致辉谈及在大疆工作的那段经历时，曾坦言，在产品创作过程中，汪滔对于每一颗螺丝都有着非常严格的要求。受工具和技术的限制，当时很多制造的标准都没有办法实现量化，为了确保螺丝的松紧达到最合适的程度，汪滔只能根据经验告诉员工，要用几个手指头拧到什么样的感觉为止。一个飞控系统的上百颗螺丝，几乎每一颗都是这样根据部位需求按相应标准拧上去的。

从公司建立到第一件成熟产品面市，大疆历经三年时间，这个过程虽然煎熬，但是在产品上，汪滔从来没有想过"将就"。功夫不负苦心人，和当时市场上存在的主流无人机产品相比，大疆所研发的无人驾驶小型直升机系统优势极为明显：机身轻、时速快、持续飞行时间长，机头承载的摄影录像机支持 180 度转动，机底装有可以计算各种数据信息的控制器。而且，该直升机不仅解决了行业难题——悬停问题，其自动导航模式还彻底摆脱了传统手动操作遥控直升机对于操控者的依赖，即使不在操控者视线范围内，直升机也可以根据指令自行飞行。

在被问到"你怎么知道哪个方向是正确的？"时，苹果公司创始人乔布斯是这样回答的："You know ultimately it comes down to taste."意思是最终得由你的品位来决定。和乔布斯一样，汪滔也是一个非常注重品位的人，在他看来，品位就是大疆的核心竞争力，也是大疆打开全球无人机市场的最佳武器。他曾说过："在我们的父辈，中国一直缺乏能打动世界的产品，中国制造业始终摆脱不了靠性价比优势获得市场的局面。这个时代企业的成功应该有不一样的思想和价值观，大疆愿意专注地做出真正好的产品，扭转这种让人不太自豪的现状。"

在科学技术发展日新月异的今天，要想一直保持高品位，就必须加大研发力度。华为创始人任正非曾说过，企业要想长远发展，"企业的员工不能太过安逸"。"安逸"对于企业而言，就像是一个"温水煮青蛙"的陷阱，让企业无力面对变故的"锅盖"。在这个残酷的商业社会中，没有狼性般的竞争意识，企业很难继续走下去。对于这一点，汪滔深有体会。"为了做好产品，我们必须放弃安逸。"汪滔是这么说的，也是这么做的。

第三章

一鸣惊人，领航消费级市场

经历了寒冬的洗礼，春天自然会到来。在经历了几年的漫长蛰伏期后，伴随多旋翼飞控 WooKong 系列、大疆精灵系列等产品的相继诞生，大疆成功打开消费级无人机市场，并迎来了自己的飞速发展时期，一个属于大疆的时代即将来临。

杀人多旋翼市场

XP 3.1 和 Ace one 的相继诞生，带领大疆成功走过了黎明前的黑暗，但很快汪滔便意识到了另外一个问题：作为直升机飞控，无论是 XP 3.1 还是 Ace one 都主要被应用在航拍领域，受限于直升机较高的成本，XP 3.1 和 Ace one 的市场规模很难实现突破。简单来说，就是产品成交量低。

2010 年，在和新西兰的一个代理商交流时，汪滔得到了一条重要的消息：对方每个月云台（手机、相机、摄像机的支撑设备）的销售量约 200 个，几乎是大疆直升机飞控 XP 3.1 的 10 倍，且这些云台 95% 都被应用到了多旋翼上。什么是多旋翼？顾名思义，这是一种具有三个及以上旋翼轴的无人驾驶直升机，和普通直升机不同的是，其旋翼的总距是固定不变的，主要通过不同旋翼之间的相对转速来控制单轴的推进力，从而实现对运行轨迹的控制。事实上，多旋翼并不是一个新生的事物，其发展历史已经超过了 100 年，最早有记录的多旋翼飞行器诞生于 1907 年，这台名为"Breguet-Richet Gyroplane NO.I"的飞行器是由法国 Breguet 兄弟在 C.Richet 教授的指导下制造而成的，其首次试飞的飞行高度约为 1.52m。

1920 年，法国工程师 é tienne Oehmichen 开始着手被命名为"Oehmichen"系列多旋翼飞行器的研究。经过数次改进，该飞行器最终成功创造了当时直升机领域的世界纪录，实现了 525m 的直线飞行。

1921 年，在美国空军的委托下，俄裔美国人 George de Bothezat 建造了一架名为"飞行章鱼"的大型四旋翼飞行器，该飞行器可以承载包括飞行员在内的四个人，可惜的是，其飞行高度只能达到 5 米，远远没有达到设定中的 100 米。

在随后的二十余年里，受战争影响，大部分国家都暂停了对多旋翼飞行器的研发，直到 20 世纪 50 年代，多旋翼飞行器才重新进入人们的视野中。Convertawings Model A Quadrotor（简称 CMAQ）和 Curtiss-Wright VZ-7 先后于 1956 年和 1958 年实现了成功试飞，但均因未能满足军方的飞行器指标、缺乏商业及军用价值而被放弃。

由此，多旋翼飞行器与军事应用渐行渐远。20 世纪 90 年代初，多旋翼飞行器再次出现在大众眼前时，却是以玩具的形式。直到 2004 年，多旋翼飞行器的商用飞行才真正开始，这一年，美国 Spectrolutions 公司推出了 Dragonflyer 系列多旋翼无人机；2006 年，德国公司 Microdrones GmbH 推出了 MD4-200 四旋翼，开创了电动四旋翼在专业领域应用的先河；2010 年，法国 Parrot[1]（派诺特）公司研发的四旋翼无人机 AR.Drone 面世，这是业内公认的第一款消费级多旋翼，它开启了消费级多旋翼时代。[2]

回到国内市场，其实汪滔也并非是首次注意到多旋翼。2008 年以前，国内航模研究主要还是针对固定翼和直升机领域，大众对多旋翼的关注度并不高。但是，就在汪滔团队执着于直升机飞控的研究时，在广州，有一个人却将目光对准了多旋翼市场，这个人就是极飞科技股份

---

[1] Parrot 于 1994 年成立于法国巴黎，是一个专注于创新技术发展的企业。

[2] 资料来源：《多旋翼无人机的发展史（无人机将进一步智能化、专业化、规范化）》，大毛无人机，《我爱无人机网》，2021-08-23。

有限公司[1]的创始人彭斌。极飞科技成立于2007年，略晚于大疆，创始人彭斌出生于1982年，毕业于西安电子科技大学，和汪滔相同的是，他在幼年时就对计算机和航模表现出了非凡的兴趣。在创办极飞之前，彭斌曾就业于微软。

极飞成立之初，彭斌就以四旋翼航模为主要研究方向。2009年初，极飞推出了自己的多旋翼航模，注意到此事的汪滔特意买回来一架进行研究，但是由于该航模没有GPS，不能悬停，因此当时的汪滔及其团队并不看好它的市场，转而继续将精力投入到直升机飞控的研发上。

在同新西兰代理商交流后，汪滔再次将注意力投到了多旋翼身上。他发现，在全球著名的航模爱好者论坛DIY Drones[2]上，大家对多旋翼飞控也表现出了极大的兴趣，与此相关的话题非常多。在此情况下，汪滔开始考虑是否向多旋翼市场发起进攻。该想法的提出，在公司内部引发了轩然大波。据大疆内部相关管理者透露，当时公司内部面临两个艰难的选择：第一，是继续制作、销售配件——飞控，还是转型研发整机？第二，如果转型研发整机，是面向固定翼、直升机，还是多旋翼？

由于没有可以具体参考的样本，研发整机意味着公司将面临巨大的不确定性。并且，转向当时还看不到前景的多旋翼，更是一件异常冒险的事情。其实，处于小作坊阶段运转的大疆并不是十分缺钱。当时，客户下单后，团队只需要带着产品去进行演示，就可以得到20万元。但是之后，产品也被束之高阁。在大疆的许多员工看来，这样"小而美"的模式和状态非常理想，一年轻轻松松就实现几百万盈利，根本不值得

---

[1] 广州极飞科技股份有限公司成立于2007年，是一家以"提升全球农业生产效率"为使命，构建"无人化"农业生态系统的智慧农业科技公司。

[2] DIY Drones 是互联网上的业余无人飞行器（Unmanned Aerial Vehicle, UAV）社区网站，创始人是克里斯·安德森（Chris Anderson）。

再冒险去改变。但是，汪滔却深知"来得快，去得也快"的道理，他认为，这样的"easy money（容易赚的钱）"有悖于自己的初衷，很容易毁掉大疆做大的希望。因此，他毅然决然地决定做整机、转战多旋翼！这个决定对大疆未来的发展起到了至关重要的作用。

当时市场上主流多旋翼飞行控制系统产品所采取的策略依然是DIY，用户需要想办法找到自己的组件，然后下载相应的代码，很难创造良好的用户体验。而且，由于技术水平等因素的限制，当时产品的可靠性水平也亟待提高，这让洞察力一向敏锐的汪滔看到了大疆一条广阔的发展道路——成为首家提供商业用途成品飞控的厂商！

同时，汪滔也预见到转战多旋翼飞控并不是一件容易的事情，其即将面临的是巨大的资金投入以及激烈的市场竞争环境。为了确保研究工作的顺利开展，他希望能够找到一个可以提供资金支持、志同道合的伙伴。YUNEEC昊翔[1]创始人田瑜就是他的最佳选择之一。如今，提起田瑜，提起YUNEEC昊翔，可能很多人会觉得陌生，但是提到YUNEEC昊翔所研发的固定翼航模"火鸟"，相信老一辈航模玩家一定记忆深刻。炫酷的外形和长达40分钟的续航，曾经让"火鸟"在航模圈风靡一时。汪滔和田瑜之间的结识源自李泽湘的介绍（田瑜的夫人江文彦曾在港科大读MBA，期间认识了李泽湘）。2010年冬天，田瑜就多旋翼飞控的研究与汪滔达成共识，决定向大疆给予3000万元的投资。但是，在合同签订阶段，汪滔拒绝了田瑜代码共享的要求，这场合作最终没能成功。

之后，汪滔很快便将想法付诸行动，正式开始了对多旋翼的研究。

---

[1]YUNEEC昊翔成立于1999年，以中国昆山为主要研发及生产基地，美国、德国、中国香港为海外产品销售地区。YUNEEC昊翔核心技术包括电动载人飞机、遥控电动模型飞机，以及消费级和商用级无人机。

与之相反，因为妻子的反对，田瑜做多旋翼的想法并没有落地。从资源上来看，无论是人力、物力还是财力，当时的大疆都与YUNEEC昊翔存在较大的差距。对于汪滔而言，田瑜的退出可以说是少了一个强大的竞争对手。凭借过去几年积累的技术和经验，不到半年，大疆便在2011年9月的航空博物馆展览上推出了第一个多旋翼飞控产品——WooKong—M。同年，极飞科技的营收已经突破2000万元。大疆的多旋翼飞控WooKong系列也不负众望，不仅让大疆的年收入成功突破千万，还创造了单个产品收入过千万元的佳绩。事实证明，当初汪滔的选择是正确的。

在企业经营过程中，每一个战略方向的选择都有可能决定了企业的生死。大疆创新副总裁王帆曾在接受采访时表示，大疆之所以能够取得成功，是因为"做对了几十道选择题"。哪怕只是做错其中一道，大疆都无法取得今天的成绩。而之所以能够做对这些选择，汪滔凭借的绝不仅仅是运气，更重要的是他长远的战略眼光。只顾眼前的利益，得到的大概率只是短暂的收获，目光长远，方能前行。创始人的认知和格局，往往是决定企业发展高度的关键因素。

"大疆精灵"撬动大众消费市场

"生于忧患，死于安乐[1]"，这句话同样适用于企业经营。任何一家企业要想取得长远发展，管理者都必须放弃安于现状、贪图安逸的念头，建立长远的战略目标。在高度竞争的市场环境下，企业家要始终保持警惕。从某种程度上来看，企业家的忧患意识体现的是他们对于事业的饥渴感，是他们不断追求卓越的决心。

汪滔就是一个拥有忧患意识的创业者。随着多旋翼飞控 WooKong 系列的诞生，大疆取得了不错的收益，并开始在专业级航拍市场中占据着较为领先的地位。但是，汪滔深知市场竞争的残酷性，他预感到，在全球专业级无人机市场的火热趋势下，这个领域很快就会迎来红海期。挑战正在发生，大疆要想取得持续、稳定的发展，就必须抓紧向前。很快，汪滔将目光投向了在当时还是一片空白的普通群众消费市场，他决定研发一款消费级的无人机整机。

事实上，在大疆成立初期，汪滔在对公司产品进行规划时就确定了图传、飞控以及云台三个方向。

在图传上，由于当时市场对于图传的需求量较低，而且图传研发

---

[1] "生于忧患，死于安乐"出自《孟子·告子下》中的一则短文《生于忧患，死于安乐》。

也需要时间和精力。因此，汪滔决定将图传业务外包出去，并和上海酷芯微电子有限公司联合创始人姚海平达成合作。

在飞控上，多旋翼飞控 WooKong 系列成功帮助大疆打开了市场，让更多的人认识了大疆。

在云台上，在直升机飞控的研发期间，当时市场上大多无人机企业主要使用的都是舵机云台方案，在当时，这个方案面临着响应慢、图像抖等很多棘手问题。为了解决图像抖的问题，经过多次尝试，汪滔和他的团队最终决定用无刷电机直驱来控制云台，具体做法如下：首先，利用云台底部姿态传感器读出姿态；然后，再通过和飞控或云台主控传感器的姿态角的对比，分别计算出每个轴所需修正的角度；最后，通过输出 PWM 信号[1]使无刷电机完成修正，让相机保持水平。彼时，电机直驱在工业界的应用并不成熟，由于该技术使减速机的细分减少，这就对电机本身控制的粒度提出了更高的要求。因此，在很多人看来，电机直驱云台项目基本上不可能完成。

创新过程往往复杂而艰难，不可否认，大疆"电机直驱云台"在设想实践的过程中确实遇到了很多问题。幸运的是，在汪滔及其团队不懈的努力下，难题终被逐一攻破。2011 下半年，直驱云台项目取得了突破性的进展——电机直驱的三轴稳定器问题得到有效解决。随之而来的，是世界首款无刷直驱陀螺稳定增稳云台的顺利诞生。2012 年 1 月，在德国纽伦堡 Toy Fair（玩具展览会）上，全球首个民用高精度云台——大疆 Zenmuse "禅思" Z15 产品正式发布，这是大疆发展史上具有里程碑意义的云台系统。后来，在接受采访时，大疆技术总监赵涛表

---

[1] PWM 信号一般指脉冲宽度调制。脉冲宽度调制是一种模拟控制方式，根据相应载荷的变化来调制晶体管基极或 MOS 管栅极的偏置，来实现晶体管或 MOS 管导通时间的改变，从而实现开关稳压电源输出的改变。

示当他看到挂着禅思云台和 GoPro 相机的飞机稳稳立住不动的场景时，他感到"全身发麻""无比激动"。

好的产品从来不缺市场，稳定的性能使得禅思 Z15 一经推出便受到了消费者的热烈追捧。即便起售价高达 2000 美金，但订单量几乎瞬间便超过万台。禅思 Z15 推出的第一年，单单这一个产品，便帮大疆创下了过亿元的收入。

2012 年，大疆已经陆续拥有了包括软件、螺旋桨、支架、平衡环以及遥控器等在内的，构成一架完整多旋翼无人机所需的全部元素。就像我们所熟悉的拼图游戏，当关键部分的局部图案被逐一拼凑出来后，完整的图案自然而然地就会呈现在眼前。同样的道理，随着无人机的关键核心技术被逐一攻克，大疆的无人机配件逐渐完备，整机产品的诞生也就成了顺理成章的事情。

2013 年 1 月，大疆首个整机产品、全球首款消费级航拍一体无人机"大疆精灵 Phantom 1"诞生了。汪滔是一个对产品非常有追求的人，他一向重视工业美学，在 Phantom 1 的设计上，大疆投入不菲，无论是外观，还是功能、质量，Phantom 1 都非常出色，令消费者惊叹不已。

在 Phantom 1 诞生之前，无人机更多被用在专业领域。主要原因有两个方面：一方面，产品专业性强，操作起来具有一定难度。鉴于技术要求，航拍工作至少需要飞行、云台手、地勤保障三个人共同完成，但 Phantom 1 推出后，很多人只需购买一个 GoPro[1]就可以独立完成航拍。另一方面，产品价格较高，因此很难实现普及。而汪滔推出 Phantom 1 的初衷就是为了"做一款有成本效益的，不需要玩家自己组装就能随时起飞的产品。当时主要考量就是这款产品能够先于我们的对手进入

---

[1] GoPro 是美国运动相机厂商。

低端机市场,并没有想要赚钱"。Phantom 1所用的飞控、云台、图传项目、电机等配件都是大疆自己研发生产的。同时，iPhone 的诞生使传感器的价格大幅降低，产品的成本也因此得到了有效的控制，在此基础上，大疆无人机售价仅定为 1000 美金。

超高品质、超低价格，Phantom 1 注定将成为炙手可热的产品。产品发布会过后，仅仅几天，Phantom 1 的订单量便达到了上万台。Phantom 1 的成功意味着大疆顺利打开了消费级无人机市场，使无人机的市场空间得到了有效拓展。

自此，大疆在大众消费市场正式起飞了。

欢迎来到机器视觉的时代

商业竞争如逆水行舟，不进则退。企业要想实现持续有效的增长，就必须做好产品迭代规划，不断打造出适应市场变化需求的新产品，避免原地踏步。在变幻莫测的商业市场，企业如果无法做到自我颠覆，就会被时代所颠覆。

虽然大疆 Phantom 1 的销量非常可观，在消费者中也备受好评，但是在汪滔看来，这个产品"并不完美"，还存在一些缺陷，比如在图传方面并没能达到汪滔的预期；在使用该产品进行航拍工作时，必须要配合搭载类似 GoPro 的运动相机等。因此，汪滔和他的团队开始进一步打磨产品，从 Phantom 1 到 Phantom 4，大疆精灵系列产品的升级过程，其实也是大疆自我革命的过程。

在 Phantom 1 推出时，大疆和 GoPro 公司建立了紧密的合作关系，但是这种方式并不利于降低无人机的成本。后来，大疆和 GoPro 的合作因收益分配问题而宣告失败，这让汪滔开始意识到一个非常重要的问题：不能让产品受到不确定因素的制约。为此，汪滔很快确定了新的产品方向——研发一体化的高清相机并集成到云台。

和第一代无人机相比，Phantom 2 系列产品的续航里程和电池寿命都得到了有效的延长，这样操作者就无须再因续电而频繁地让无人机着陆了，用户体验得到了提升。Phantom 2 有"会飞的相机"之称，它配置了一个 1400 万像素分辨率的相机镜头，背面可插入 SD 卡，镜头支持录制 1080/30p 或 1080/60i 视频，具备 140 度广角，光圈 F/2.8。升级后的 Phantom 2Vision+ 特别配备了先进的三轴云台系统，以确保航拍影像的流畅和稳定[1]。值得一提的是，在 Phantom 2 系列产品上，还附带了 Lightbridge 1 附加组件。Lightbridge，是大疆自行研发的全高清实时图像传输系统，可以实现全高清数字远距离图像传输，最远可支持 5 公里外高清图像的实时传输。

2015 年 2 月 7 日，在某知名女星的生日派对上，其男友——中国内地知名歌手操控一架白色酷炫的无人机，载着一枚 9.15 克拉的钻戒伴着音乐飞向她，顺利完成求婚，并登上了各大媒体的头版头条。而这台用来运输钻戒的无人机正是 Phantom 2 Vision+。

"求婚"事件半年后，2015 年 8 月，大疆推出了新一代航拍无人机 Phantom 3 Standard（大疆精灵 3 标准版）。为了确保航拍的稳定性和精确度，大疆 Phantom 3 系列产品上装配了内置 Lightbridge 系统和全新底部视觉定位系统，同时，Phantom 3 系列产品还实现了内置 GPS 系统与俄罗斯格洛纳斯卫星导航系统（GLONASS）[2]的集成，以帮助无人机连接尽可能多的卫星，提升其运营的稳定性。

同时，为了在没有 GPS 信号的情况下，也能让无人机保持稳定的悬停，大疆还专门推出了可以将视觉与超声波传感器数据结合在一起的视觉悬停辅助系统。可以同时感知飞行器相对高度和地面纹理的变

[1] 资料来源：《Phantom 2，无人航拍机系列产品》，百度百科，引用日期：2022-09-27。

[2] 格洛纳斯卫星导航系统作用类似于美国的 GPS、欧洲的伽利略卫星定位系统和中国的北斗卫星导航系统。该系统最早开发于苏联时期，后由俄罗斯继续实行该计划。

化，使飞行器成功实现定高定点悬停，而且能根据飞行高度进行相应的调整。在此期间，大疆打造的 DJI Go 应用程序也被成功应用，借助 DJI Go，操作者可以实现对无人机摄像头设置和飞行控制的操控，该应用还可以在发现问题时主动发出警报。

从技术上来看，无论是飞行技能，还是操控体验，Phantom 3 系列产品都处于一个较为理想的状态。但是，这依然没有达到汪滔的预期。汪滔希望能够打造出一个真正意义上的智能无人机，但大疆精灵前三代产品飞行基本上都依靠操作者的手动控制或借助 GPS 进行半自动跟随飞行。2016 年 3 月，伴随着"欢迎来到机器视觉时代"的口号，革命性的精灵 Phantom 4 系列发布，一个全新的时代开启了！

Phantom 4 是首款能前向避障的精灵系列机型，它的面世预示着机器视觉将被应用到实用场景中。依靠机器视觉，Phantom 4 智能跟随可以躲避障碍、识别目标，这使无人机由被人控制的提线木偶，变成了拥有一定自主飞行的空中机器人。在配置上，Phantom 4 系列采用了可以支持无人机两边摄像头的全新云台装置，全新升级的镁合金材料极大地增强了产品的稳定性和强度。此外，双 IMU 传感器和双罗盘装置，有效地增强了产品的续航时间和反应速度；障碍感知系统的配置，有效地增强了无人机的安全性，使其在飞行过程中可以自动识别并躲避障碍物，并且实现"智能跟随""指点飞行"等智能飞控模式的应用。[1]

从精灵 Phantom 1 到 Phantom 4，飞行时间从 10 分钟上升到 30 分钟，飞行距离由 300 米变成了 7000 米，从没有摄像头上升到拥有一个 4K 分辨率、20 兆像素的摄像头，大疆一直奔跑在技术研发与创新的路上，将无人机技术提升到了其他企业可望而不可即的高度。

---

[1] 资料来源：《产品创新案例分析 ┃ 大疆如何从初创到无人机帝国的进阶之路》，Runwise 创新咨询，《知乎》，2021-03-18。

苹果公司创始人史蒂夫·乔布斯有一句名言如是说："人们压根不知道到底想要什么，直到你将新产品放在他们眼前。"在乔布斯将 iPhone 带到大众面前之前，人们很难想象这个只有一个按钮的手机有一天会颠覆整个手机行业。而一直执着于打破无人机领域技术与成本壁垒的汪滔，想要做的，就是希望能够成为该领域中的"iPhone"。

汪滔曾公开表示 Phantom 4 是至今为止他最满意的产品，他认为精灵 4 的诞生成功将用户从烦琐的操作中解放出来，使得初学者也可以实现对无人机的自由操控。在此之前，人们一直梦想有朝一日无人机能主动配合操控者实现便捷航拍，而 Phantom 4 让这个梦想成为现实。毫不夸张地说，Phantom 4 的诞生开启了一个全新的时代！

拒绝给小米贴牌

从精灵系列的第一代产品开始，消费级无人机开始逐步被人们所熟知，也因此获得投资者的青睐，就在 Phantom 1 推出后不久，深圳市麦星投资管理有限公司的投资总监李鑫便主动找到了汪滔，希望能够向大疆投资，多次交流后，两人达成了合作意向，汪滔同意大疆接受麦星投资的首轮投资，用 2% 的股权换来千万元人民币。除了专业投资人，许多互联网、制造企业也都开始将目光对准该领域，推出自己的无人机业务，小米就是其中一个。

小米成立于 2010 年，是一家专注于智能硬件和电子产品研发的全球化移动互联网企业，凭借极致性价比和互联网模式，小米很快在众多手机品牌中脱颖而出，收获了大批"米粉"，成为成长最快的手机品牌。到了 2013 年，小米全球的 MIUI[1] 用户已经超过 1000 万。在手机模式跑通后，小米创始人、董事长兼 CEO 雷军便开始着手布局小米生态链，转而向 AIoT[2] 发力。大疆在无人机领域所做出的成绩，成功引起了小

---

[1] MIUI（米柚）是小米公司旗下基于 Android 系统深度优化、定制、开发的第三方手机操作系统，也是小米的第一个产品。

[2] AIoT（人工智能物联网）=AI（人工智能）+IoT（物联网），简而言之，AIoT 就是 AI（人工智能）+IoT（物联网）的有机融合与协同应用。

米的注意。

2013 年的秋天，在小米官方的邀请下，汪滔和他的同学谢嘉带着礼物——一台 Phantom，来到了雷军的办公室。汪滔此行的主要目的，是希望能将大疆的产品卖给小米，他没有想到的是，雷军竟然主动询问他双方有没有合作的可能。短暂的思考后，汪滔也试探性地询问是否可以在小米商城销售大疆的无人机，对于此问题，雷军并没有正面回答，而是和汪滔探讨起了大疆产品的利润率，并表示，小米可以和大疆共同打造价格更低、性价比更高的无人机。这一提议遭到了汪滔的拒绝，他认为过低的售价可能会导致企业无法收回成本。

众所周知，作为互联网企业的小米，新颖的营销模式和高性价比一直是它取胜的重要法宝之一。但大疆不同，作为制造型企业，有着无人机领域"苹果公司"之称的大疆一直坚持走高端市场，坚持依靠对技术的不断研发和创新来获得市场认可。极客精神和理想主义的初心对汪滔很重要，他希望能"为大众做一个好东西"，而不只是在市场分一杯羹。理念的背道而驰注定大疆与小米无法牵手合作，大疆和小米的首次碰撞，没有擦出一点点火花。

但是，小米并没有放弃在无人机领域的探索。经过一番寻找后，2013 年底，小米和中科院声学所信号与处理专业博士毕业的蔡炜达成了合作。在小米的支持下，蔡炜成立了飞米科技，专注于无人机的研发。很显然，小米低估了无人机对技术的超高要求，要知道当初的大疆，可是花费了三年的时间才有了第一个真正意义上的产品。2014 年，飞米对无人机的研究迟迟没有突破性的进展，深知抢占时间对于产品打开市场重要性的小米，委派联合创始人刘德再次向大疆抛出了橄榄枝。刘德表示，如果大疆愿意协助小米做小米品牌的无人机，小米可以将飞米直接交给大疆，简单来说，就是希望大疆给小米贴牌。

如果时间再早一些，汪滔很有可能会接受小米的这个建议，毕竟当初在和 GoPro 洽谈合作时，大疆就已经考虑为 GoPro 进行代工贴牌。但是，此时的汪滔有了新的考虑，一方面因为高性价比一直是小米的特点，这就意味着，小米的无人机在价格上会和市场有较大的出入，而这很有可能给大疆的毛利率带来影响；另一方面，此时的大疆已经接受了红杉资本的投资，红杉已经以通过购买股份的方式成为大疆的股东，在汪滔看来，沈南鹏[1] 和雷军有很多相似的地方，"这样的大佬，董事会有一个就够了"。

合作没能达成，意味着小米和大疆在无人机领域要以竞争对手的身份出现。2015 年 4 月，在"优酷土豆和 DJI 大疆创新战略合作发布会"上，当有人问如果有着"价格屠夫"之称的小米推出一款价格低、功能与大疆类似的无人机产品怎么办时，大疆副总裁潘菲表示，大疆只致力于做出全球最好的产品，并不关注其他竞争对手。甚至公开向雷军喊话大象不应该踩死蚂蚁："拒绝山寨，做高品牌溢价的产品，做增值创新这条路，如果老一辈的企业家和老一代的企业没有能力、没有意愿、没有勇气迈出这一步，就让新一代的企业家和企业去完成这个使命。"

2016 年 5 月，雷军通过视频直播的方式正式推出了小米无人机产品。小米无人机分为 1080P 和 4K 两个版本，产品以续航、便携、高清拍摄为主要卖点，价格分别为 2499 元和 2999 元，远低于同类产品。而小米无人机推出不到一个月，零度智控的"口袋机"Dobby 也正式发布，其 1899 元的标价更是一度震惊了所有人。

小米和零度智控低价无人机的出现，让许多无人机厂商陷入恐慌。有人认为，低价竞争的方式，会将无人机行业的利润空间挤压殆尽，从而导致大家对产品价格的关注高于质量，长此以往，会给整个无人

---

[1] 沈南鹏，浙江海宁人，红杉全球执行合伙人，红杉中国创始及执行合伙人，携程旅行网和如家连锁酒店创始人。

机行业带来致命的伤害。

对此，汪滔并没有过于担心，因为大疆一开始主要面向的就是高端市场。在他看来，无人机未来的发展方向是在应用领域的创新，而不是价格，对于主要依靠技术创新和规模制造来盈利的大疆，在研发力量上要远高于竞争对手，在这一点上汪滔非常自信。

从伙伴到对手的 GoPro

如果说大疆构建完整多旋翼无人机的过程，是一个打造配件到逐步拼装成整机的拼图过程，那么在这个过程中，相机也是非常重要的一环。

最初，在相机方面，大疆选择了与运动摄像机厂商 GoPro 合作。GoPro 是由尼克·伍德曼（Nick Woodman）[1]创建的美国运动相机厂商，在极限运动领域，大多数人对 GoPro 都不陌生，它的产品已经被广泛应用于冲浪、滑雪、极限自行车及跳伞等极限运动中，甚至一度成为极限运动专用相机的代名词。

GoPro 的创始人尼克·伍德曼是一位连续创业者，在创办 GoPro之前，他曾经创办了一家在线游戏公司 Funbug，还幸运地得到了外部资本的支持，一度取得了不错的成绩。遗憾的是，这种良好的发展势头并没有持续多久。很快，随着互联网泡沫的破裂，Funbug 也被迫宣布破产。

尼克·伍德曼是一名冲浪爱好者，创业失败后，他为了放松心情，选择去澳大利亚度假冲浪。正是这次度假，意外地为尼克·伍德曼的

---

[1]尼克·伍德曼（Nick Woodman），运动摄像设备提供商，GoPro 创始人兼首并席执行官。

下一次创业创造了契机。尼克·伍德曼在度假中结识了后来 GoPro 的创意总监 Brad Schimidt，两人在交流时，Brad Schimidt 提出，对于尼克·伍德曼这样的极限运动爱好者而言，一个坚固耐用、有防水功能的相机非常有必要，这便让尼克·伍德曼萌生了再创业，打造户外摄像机的想法。创业失败两年后，尼克·伍德曼在自己的大众面包车内成立了伍德曼实验室，专注于户外相机的研究。

那时，为了能更好地录制一些自己冲浪时的画面，很多冲浪者都选择用腕带将相机绑在手腕上，但是，由于冲浪时运动幅度较大，相机经常飞脱出来。注意到这一点的尼克·伍德曼尝试打造了一根相机固定带，可以帮助极限运动者很好地将相机固定在身上，该产品为 GoPro 带来了第一笔大订单——某日本企业订购了 100 根该相机固定带用于运动商品展，GoPro 自此有了生存的基础。

很快，尼克·伍德曼成功推出第一代使用胶片拍摄产品——Hero35 毫米相机，虽然这台相机并非数字产品，却不妨碍它进入部分极限运动中进行拍摄工作。在圣迭戈举行的极限运动零售商展上，这款产品受到了众多冲浪爱好者的争抢。

随着数码相机的出现，尼克·伍德曼的相机也开始向数字方向转型。2006 年，当汪滔和两个同学一起在仓库创立大疆时，GoPro 的第一款数字摄像机 DigitalHero 诞生了。DigitalHero 的拍摄时间很短，只有短短 10 秒，没有录音功能，但它成功帮助 GoPro 张开腾飞的翅膀。此后，GoPro 迎来了调整发展时期，产品不断升级迭代，2007 年，拥有录音功能，且拍摄时长不受限制的 Digital Hero3 诞生；2008 年，GoPro 又推出了带有广角镜头的 Digital Hero5。

2009 年，GoPro 遭遇了重要挑战。这一年，苹果公司推出配备 300 万像素摄像头、有视频拍摄功能的智能手机 iPhone3GS，高质量的拍摄画面以及便捷的使用方式，使越来越多的用户开始放弃传统摄像机，转由智能手机进行视频拍摄，以 GoPro 为代表的摄像机生产厂商受到了严重的冲击。此后很长一段时间里，Digital Hero 系列产品的销量大幅萎缩，转型迫在眉睫，尼克·伍德曼决定打造更为高清的运动摄像机。

2010 年初，GoPro 推出了"超大广角 + 小体积"的摄像产品 HD Hero（一代产品），该产品可以采用广角镜头拍摄 1080P 高清视频，超小的体积极大地减少了摄制位置的限制。此产品的推出，使得 GoPro 成功走出困境，并在运动相机领域建立了稳固地位。第二年，GoPro 再次对产品进行升级，推出了拥有 1100 万像素摄像头、支持 1080P/30fps 摄录 HD Hero2 产品。[1]

2012 年，大疆在筹备自己的整机产品时，HD Hero 第三代产品已经诞生，并且拥有了大批忠实拥趸。在很多参加跳伞、蹦极等极限运动人士身上，都可以看到一个小机器，以对自己运动过程进行全程 360 度无死角拍摄记录，这个小机器大多都出自 GoPro。

从市场需求上来看，GoPro 的产品主要是解决极限运动难拍摄的问题，可以有效满足极限运动团体记录和分享的需求。但是其产品也存在一个较大的弊端：由于缺少支点，所以只能近距离拍摄，这在一定程度上给拍摄的完整性带来了限制。无人机的出现则可以恰到好处地解决这一问题，借助无人机，空间任何位置都可以成为相机的支点。对于大疆而言，借助技术成熟的 GoPro，无疑可以更有效地解决无人机在拍摄方面的很多难题。

在时任大疆北美负责人科林·奎恩的积极推动下，大疆和 GoPro 达成了合作意向，虽然 Phantom 1 产品并没有整合相机，但是在演示视频中推荐了 GoPro，用户可以将 GoPro 装到大疆自带的云台上。一时间，

---

[1] 资料来源：《GoPro：从"最牛"到"昙花一现"只隔了 3 年》，砺石商业评论，高冬梅，2019-10-21。

"大疆精灵 + GoPro 运动相机"成为红极一时的搭配销售"套餐"。

遗憾的是，这场在外人看来可以称得上是"天作之合"的合作却未能走得长远。按照最初的计划，大疆希望能够在 Phantom 2 中整合相机，与 GoPro 合作推出一款带有 GoPro 标志的无人机。但双方在谈判过程中出现了问题，GoPro 希望能得到三分之二的利润，这让汪滔无法接受，他认为在合作过程中大疆没有得到平等的对待，"他们（GoPro）将我们当作设备供应商，但大疆并不是普通 OEM[1] 厂商"。

与 GoPro 的合作终止后，大疆开始着手研发自己的相机。2015 年 10 月，大疆在伦敦推出一款"手持云台相机"——大疆灵眸 OSMO 照相机，该产品围绕"稳定影像，抬手即拍"的理念，融合禅思 ZENMUSE X3 一体化云台与 4K 超高清相机，支持 360 度无死角拍摄，且解决了高速运动状态下的中短距离拍摄问题。在拍摄模式上，灵眸 OSMO 拥有竖拍模式、自拍模式、手电筒模式、锁定模式及悬挂模式等多种模式；在功能上，灵眸 OSMO 拥有全景摄影、浓缩时光、长时曝光、轻松操控、远程控制及清除畸变等众多功能，基本上可以满足所有运动情景的拍摄需求。且在拍摄过程中，灵眸 OSM 无须使用自拍杆、三脚架等套件，使用极为便捷。

凭借灵眸 OSM 的出色性能，很快，大疆便在中短距离运动摄影市场占据了一席之地，成为 GoPro 的重要竞争对手。

与之相反，与大疆"分手"后的 GoPro 的发展并不顺利。据有关媒体报道，GoPro 也曾尝试找零度智控等大疆主要竞争对手进行合作，但是由于种种原因，最终合作也未能达成。于是，GoPro 决定打造自己

---

[1] OEM 是英文 Original Equipment Manufacturer 的缩写，也称为定点生产，俗称代工（生产），基本含义为品牌生产者不直接生产产品，而是利用自己掌握的关键的核心技术负责设计和开发新产品，控制销售渠道。

的无人机。2016 年，GoPro 自主研发的无人机 GoProKarmao 上市，遗憾的是，GoProKarma 的市场反馈并不好，频频爆出"坠机"问题。因此，在上市 16 天，售出 2500 余台后，GoPro 紧急叫停该产品，并以全额退款的方式"召回"所有已经售出的产品。这次事件给 GoPro 品牌带来了严重的负面影响，GoPro 股价一度暴跌。GoProKarma 甚至由此被网友列为"2016 年十大失败科技产品"之一。

此时的 GoPro 已经处于一个非常艰难的境地，在无人机之前，GoPro 在多条产品线上的尝试都没能取得理想效果，盲目的扩张以及越来越多竞争者的强势入局，使 GoPro 面临着巨大的生存压力。GoProKarma 首次面市的失败表现，无疑是雪上加霜，2016 年 11 月，因为亏损严重，GoPro 不得不发布重组裁员的消息。2017 年 2 月，再度面市的 GoProKarma 依然没能给 GoPro 带来好消息。一年后，万般无奈之下，GoPro 被迫放弃无人机项目。

从伙伴到对手，大疆与 GoPro 的相爱相杀令人唏嘘。生意场上，没有永远的敌人，也没有永远的朋友，这句话有些片面和绝对，但是却从侧面反映出商业世界一条非常重要的游戏法则：一切商业行为都是利益关系。置身于商业市场，企业要永远保持奔跑的姿势，因为你的身后随时有人准备超越你！

第四章

摸着石头过河，在无人机领域摸索前行

　　作为一个新兴行业，整个消费级无人机行业都还处于摸着石头过河的阶段，大多数业内公司尚处于起步阶段，大家都在摸索着前行，已经取得一些成绩的大疆也不例外。汪滔深知，商业社会瞬息万变，未来充满了无限可能，胜负无定论，下一个强大的竞争对手随时都有可能出现。对于创业者来说，时刻保持清醒的头脑是一件非常重要的事。

与得克萨斯人的"恩怨情仇"

谈到大疆与 GoPro 的故事，就不得不提到一个关键人物——原大疆美国分公司负责人科林·奎恩。

大疆与科林的缘分要追溯到 2011 年。那一年，一场全球无线电遥控直升机大会在美国印第安纳州中部城市曼西市召开，汪滔和科林同时出席了该会议。彼时的科林·奎恩正经营着一家航拍企业，主要是面向农场主、企业主、广告主等提供其所需要的航拍服务。在服务过程中，科林·奎恩一直备受航拍视频画面晃动、拍摄噪声大等问题的困扰，希望能够找到一款可以拍摄出稳定视频的无人机，恰巧，当时大疆团队所研发的机载云台（即后来的"禅思"系列云台）正处于关键阶段，且其所解决的主要就是拍摄稳定性问题。得知这一消息后，科林·奎恩喜出望外，当场就表明要与大疆深度合作的意愿。而此时的汪滔正有意成立北美分公司，在他看来，市场拓展能力突出的科林·奎恩很有可能会是非常好的帮手。

2011 年 8 月，科林·奎恩来到深圳亲自对大疆公司进行考察，并和汪滔协商合作发展的相关事宜。此次考察与交流十分顺利，很快，双方意见便达成一致，决定共同在得克萨斯州奥斯汀市成立大疆北美分公司，由科林·奎恩主要负责相关地区的销售运营工作，在股权分配上，科林·奎恩与大疆分别占股 48% 和 52%。

后来，科林·奎恩与大疆之间爆发了激烈的矛盾，但不可否认，在市场拓展方面，科林·奎恩能力特别突出，汪滔对此是十分认可的，并表示科林·奎恩是一位"了不起的销售员"，"他的一些想法有时让我深受启发"。在大疆打开北美市场的过程中，科林·奎恩起到了举足轻重的作用。脍炙人口的标语"未来无所不能（The Future，The Possible）"正是出自科林·奎恩。

在加入大疆之前，科林·奎恩曾参加过美国经典真人秀电视节目《极速前进》（The Amazing Race），因此而积累了一批明星资源，他利用这些资源，不遗余力地在 Facebook、Youtube 等社交媒体上宣传大疆的产品。这种社交式营销的效果非常显著，成功地让普通大众开始关注大疆无人机。大疆精灵产品一经诞生，就凭借其优质的产品、卓越的性能以及相对低廉的价格，成功撬动了北美地区非专业无人机市场，大疆市场占有率迅速成为北美第一。

大疆在北美地区的市场地位逐步得以稳固，汪滔与科林·奎恩之间的关系却开始发生了微妙的变化。人在完成某一目标或者取得一定成就后，往往很容易迷失方向，甚至会自我膨胀。也许是因为成功来得太快，科林·奎恩一时有些得意忘形，他曾多次在公开场合将大疆精灵一代所取得的成绩归功于自己，还在未得到总部允许的情况下以大疆首席执行官自居，这些表现逐渐引发了汪滔的不满。

矛盾爆发的导火索是科林·奎恩在未做任何请示的情况下，便私自同意 GoPro 提出的要拿走三分之二利润的条件，也许正是这种越界行为使得汪滔下定决心要重新定义大疆与科林·奎恩的关系。起初，大疆希望能通过和平的方式解决问题，2013 年 5 月，大疆发布了一则股权回购的消息，试图以 0.3% 的大疆全球（DJI Global）股份买下科林·奎恩持有的大疆北美分公司的所有股份（48%）。但这一解决方案遭到了科林·奎恩的拒绝，他认为 0.3% 份额远远不及自己为大疆所做的贡献，

30% 的"大疆精灵"无人机是在北美分公司的努力下才能销往美国，他觉得自己至少应该得到 16% 的大疆全球的股份。

接下来的半年，科林·奎恩和汪滔在争夺北美分公司控制权上斗智斗勇，双方都不愿做出让步。2012 年底，在和科林·奎恩的对峙中，汪滔彻底失去了耐心，直接锁定大疆北美分公司所有员工的电邮账户，并将该地区的客户订单重新导向中国总部。同时，发布公告将科林·奎恩在内的 20 名员工解雇，清算奥斯汀办事处。就这样，大疆以迅雷不及掩耳之势重新将北美分公司的控制权拿到了手中。

2014 年初，心有不甘的科林·奎恩将大疆告上法庭。2014 年 8 月，在法院组织多次沟通后，双方达成庭外和解，至于和解金额，至今双方均未对外披露。至此，大疆与科林·奎恩的冲突拉下了帷幕。

对于被解雇的事，科林·奎恩始终耿耿于怀，他认为自己被大疆欺骗了，"说我与'大疆精灵'毫无关系，这种说法相当可笑，就像说我是'大疆精灵'的发明者一样可笑"。怀着对大疆的恨意，科林·奎恩带着很多同事一起到大疆的竞争对手——美国无人机制造商 3D Robotics[1] 入职，并扬言要让全世界认识 3D Robotics。

3D Robotics 成立于 2009 年，创始人是墨西哥工程学的学生 Jordi Munoz（佐迪·穆诺）和 Wired（连线）杂志[2] 的编辑 Chris Adnerson（克里斯·安德森）。私下里，科林·奎恩表示，如果说大疆是"歌利

---

[1] 3D Robotics，北美最大民用无人机厂商。

[2]《连线》是世界著名杂志，美国 1993 年（癸酉年）创刊。是一份科技类月刊杂志，着重于报道科学技术应用于现代和未来人类生活的各个方面，并对政治、经济和文化都有较深的影响。

亚^[1]"，那么 3D Robotics 则是"对抗大疆并且最终战胜这个歌利亚的大卫"。遗憾的是，3D Robotics 在消费者级无人机市场的尝试并不顺利，首款产品 Iris 销量非常惨淡，即使后面推出了改良版本，还加大了宣传力度，效果依然不明显。之后，3D Robotics 又倾力打造了一款名为 Solo 的消费者级无人机，并对该产品寄予厚望，称之为"消费者级无人机市场中的挑战者及重量级的竞争者"。科林·奎恩入职后的主要工作就是对该产品进行宣传，但是鉴于产品质量和功能的不稳定，再加上大疆"Phantom 3 Pro"的强大竞争力，Solo 的销售量依然远没能达到预期——备货 10 万台，最终只卖出 2 万台。无奈之下，3D Robotics 只能宣布退出消费级无人机市场。

对于汪滔与科林·奎恩之间的恩怨，很多人和媒体都进行过相关解读，大家观点不一。其中，在大多数人看来，二人之间的矛盾追根究底还是利益分配的问题，事实果真如此吗？

事实上，许多企业在发展过程中，都曾面临这样的问题：创始人与初始员工甚至联合创始人之间可以"共苦"，却不能"同甘"。在企业发展初期，几个人基于共同的使命和意愿走在一起，共同开疆拓土。可是随着企业逐步走向正轨，规模不断扩大，几个人之间的矛盾也愈加凸显，最终给企业发展带来严重影响，比如西少爷肉夹馍和真功夫的股权之争。从表面上看，几乎所有矛盾都是因为利益而起，但一旦深入研究，不难发现，这些利益的背后往往隐藏着一些认知上的差异，比如价值观。

汪滔与科林·奎恩之间的纠葛，更多的是来自两人底层认知上的

---

[1] 传说中的著名巨人之一，根据《圣经》记载，歌利亚是非利士人的首席战士，带兵进攻以色列军队，他拥有无穷的力量，所有人看到他都要退避三舍，不敢应战。最后，牧童大卫用投石弹弓打中歌利亚的脑袋，并割下了他的首级。

差异。作为一名营销高手，在科林·奎恩看来，一个产品能够得到市场的认可，成功的营销是根本原因；但是对于注重产品打造的汪滔而言，好的产品才是得到市场认可的根本原因。回顾大疆的发展历程，我们可以看出，大疆所有的竞争优势，都是建立在技术的演进和研发迭代上，技术和产品才是公司的核心。

引爆国内无人机市场

2015 年 2 月，某知名男歌手借助无人机传送婚戒并求婚成功的消息登上了媒体娱乐版的头条。令人意外的是，与之一起登上头条的，除了他求婚用的 9.15 克拉钻戒，还有"运载"求婚钻戒的无人机。

据百度指数数据显示，该歌手求婚成功后，"无人机"这一关键词七天的搜索量整体同比上升 209%、移动端同比上升 177%。一时间，从实体店到各大电商平台，诸多商家均开始打着"脱单神器"的口号大力宣传无人机产品。

经业内人士辨认，该歌手当天所使用的无人机为深圳大疆创新科技有限公司的产品，大疆也对此进行了证实，表示该歌手求婚所用的机型正是该公司旗下产品——大疆精灵 Phantom 2 Vision+，并迅速在其天猫旗舰店上打出"某某（歌手名字）求婚无人机，航拍飞行器同款，求婚必备神器！"的宣传语，产品销量增势明显。一夜之间，"大疆""汪滔"成为媒体热词，网上关于大疆无人机产品的测评、大疆发展史甚至是汪滔创业经历的文章引来刷屏，点击量暴增。自此，在国内一向行事低调的大疆，开始被越来越多的人所熟知。一提到无人机品牌，许多人第一时间联想到的就是大疆。

对大疆而言，以这样出人意料的方式成功地叩响国内市场大门，无疑是一件幸事。然而，随着事件的发酵，有人开始怀疑事件的偶然性，认为这很有可能是大疆精心策划的一次市场营销，并感叹大疆营销手段的高明。就在"大疆营销论"的话题愈演愈烈之际，汪滔本人通过媒体渠道对此事做出了回应，他表示，男歌手使用大疆无人机求婚完全是其个人行为，并不是公司的商业策划，而汪滔自己也是通过朋友圈才知道这件事的。

汪滔的回应，成功掀起了第二次传播热潮，大疆在国内消费市场开始崛起。凡事都没有无缘无故的巧合，那些看似偶然的事件背后，都有冥冥之中的注定。也许，在很多人眼中，"男歌手求婚"这一免费代言行为实属意外，大疆的走红有很大的"运气"成分。不可否认，大疆是这次事件中绝对的受益者，但幸运的背后，其实是大疆长达9年多的坚持，是汪滔和其团队几千个日夜的赤城匠心。在谈到大疆成功的原因时，大疆公司副总裁邵建伙曾经明确表示，大疆最重要的是始终专注于产品的态度，"大疆完全是依靠产品本身的创新，赢得了国内外用户的认可"。

在"求婚"事件之前，大疆在国外已经收到了诸多良好反馈：大疆 Phantom 系列产品被英国《经济学人》[1] 杂志评为"全球最具代表性机器人"之一；Phantom 2 Vision+ 被美国《时代周刊》[2] 评为 "十

---

[1]《经济学人》是由英国经济学人集团出版的杂志，创办于1843年9月，创办人詹姆士·威尔逊。

[2]《时代周刊》（Time）又称《时代》，创刊于1923年，是近一个世纪以来最先出现的新闻周刊之一，特为新的日益增长的国际读者群开设一个了解全球新闻的窗口。《时代》是美国三大时事性周刊之一，内容广泛，对国际问题发表主张和对国际重大事件进行跟踪报道。

大科技产品"；Inspire1 入选《纽约时报》[1] "2014 年杰出高科技产品"……就连汪滔本人，也在 2014 年被福布斯评为中国十大创新人物，成为名单中最年轻的创新者。

据相关数据统计，2009 年到 2014 年，大疆的销售额以每年两到三倍的速度增长。2014 年，大疆销售的无人机数量已高达 40 万架，在全球消费级无人机市场的份额遥遥领先。

就在此次事件回应中，除否定"男歌手无人机求婚"是商业行为外，汪滔还表示："我们在创办公司的初期只是做一家可以养活 20 多人团队的公司，在养活这 20 多人的基础上再找出路。如今看到产品出现在求婚这样庄重的场合，有这么广的应用，我感觉非常开心。"

事实上，除了求婚，无人机早已在不知不觉中开始走进中国民用市场，被应用到诸多场景中。

"它一直跟着我们。"2013 年，综艺节目《爸爸去哪儿第一季》播出，节目中，某知名男星的儿子指着航拍的无人机说话的可爱样子萌翻了一众粉丝。而当时，节目组所使用的就是大疆筋斗云系列无人机搭配禅思 Z15-5D 云台。不只《爸爸去哪儿》，巴西世界杯的专题报道、浙江卫视节目中心独立制作的《奔跑吧兄弟》等综艺节目，航拍镜头都随处可见。

而几乎和上述男歌手策划求婚的同一时间，电商巨头们也在纷纷试水无人机送货。2015 年 2 月 3 日，阿里巴巴旗下的淘宝网宣布以"给生活多一点想象，多一份关爱"为口号，携手圆通速递推出 1 小时到达的无人机快递。2 月 4 日到 2 月 6 日，三天时间里，北上广特定区域的

---

[1]《纽约时报》（英文：The New York Times）有时简称为"时报"（The Times）是一份在美国纽约出版的日报，在全世界发行，有相当大的影响力，美国高级报纸、新闻刊物的代表，长期以来拥有良好的公信力和权威性。

450 名用户，可以享受无人机送货服务。不过，作为国内无人机快递的首次尝试（在此之前，亚马逊已在美国有过此类试验），为了控制重量，此次活动仅限某品牌的一款重量低于 340 克的红糖姜茶。[1]

从影视拍摄，到快递派送，再到求婚，随着国内消费市场多元化、个性化需求的持续升级，民用无人机的应用场景也变得愈发广泛。就在"男歌手求婚"事件后不久，温州龙湾警方就成功将"男歌手求婚同款无人机"应用到案件侦破中，使用无人机实时侦查现场，极大地加速了对犯罪嫌疑人的搜索进程，仅用两天时间便成功将两名犯罪嫌疑人抓捕归案。

"男歌手求婚"事件后，大疆依然没有放慢创新的脚步。半年后，2015 年 8 月 5 日，大疆精灵升级版本——"大疆精灵 3 标准版"（DJI Phantom 3 Standard）航拍无人机应运而生，该产品主要面向入门级新飞手。高度的稳定性、超凡飞行体验、高质量航拍画质以及平易近人的定价等特点，使该产品很快便获得了市场的认可，销售量在中国市场迎来了爆发式增长。

根据公开资料显示，2013 年大疆销售额为 8.3 亿元；2014 年该数值达到了 30.7 亿元，实现了近 4 倍的增长；2015、2016 年，大疆销售收入分别为 59.8 亿元、97.8 亿元，增长极为迅猛。

分析国内无人机市场被引爆的原因，有专业人士表示，除了有"男歌手求婚"等明星事件的推动外，更主要的是得益于中国消费升级时代的到来。

自 2010 年以来，伴随中国城市化进程的不断加速，我国消费者收入水平和消费能力不断增强，消费结构面临转型升级，高品质、个性

---

[1] 资料来源：《汪峰求婚"带火"无人机 电商忙试水惹非议》，彭大伟，中国侨网，2015-02-10。

化的产品越来越受到市场重视。在这样的市场环境下，拥有领先无人机技术的大疆，备受追捧也就成了一件理所当然的事情。同时，以大疆为代表的无人机产业的崛起，也为中国制造业的转型升级提供了一个可以参考的路径：在中国制造业低成本、低价格的传统优势上，不断加大对技术创新的投入力度，建立创新和效率优势。

Mavic：小型 ≠ 功能低端

信息爆炸的大变革时代，科学技术的发展速度令人惊叹，市场环境瞬息万变，产品更新换代的速度也在不断地加快。对企业的持续发展而言，这是非常大的挑战。只有不断地创新和迭代，企业才有可能在市场上占据一席之地，尤其是对大疆这样的技术创新型企业而言，如果创新力不足，利润空间就会很快受到侵蚀，市场份额将拱手让人。

自2014年以来，无人机行业进入迅猛发展阶段，随着其应用领域的不断扩展，越来越多的企业和资本开始涌入这个新兴行业和市场：曾经和汪滔有过交流，想要收购大疆飞控的杨建军，带领他的零度智控与雷柏、腾讯建立合作关系；彭斌的极飞科技则携手顺丰，在无人机快递领域发力；intel（英特尔）公司向田瑜夫妇的昊翔投资了1亿美元；胡华智的亿航智能[1]虽然起步相对较晚（亿航智能成立于2014年8月），但其发展速度却不容小觑，2016年，在国际消费类电子产品展览会上，亿航智能发布了"亿航184"自动驾驶载人飞行器，凭借新颖的概念，"亿航184"瞬间成为媒体追逐的对象⋯⋯一时间，无人机江湖风起云涌，据相关数据显示，最火热的时候，国内无人机企业超过了300家。

---

[1] 广州亿航智能技术有限公司，是一家全球领先的智能自动驾驶飞行器科技企业，致力于让每个人都享受到安全、自动、环保的空中交通。

此时的大疆在消费级市场已经占有绝对的领先地位，竞争者们非常清楚一个事实：在技术实力上，自己短时间内很难实现对大疆的超越，要想生存，就必须避免与大疆直接竞争，选择一个大疆还没有切入的细分市场，从小而美入局，去撬动无人机市场的大蛋糕。大疆的产品一直有"无人机中苹果"之称，其所面向的一直是对品质有较高要求的中高端用户群体。因此，许多企业将目光对准了大疆目标用户群体之外、对拍摄画质没有过高要求、追求简单方便的"小白型"用户消费市场。经过严格的市场调研和需求分析，"自拍无人机"成为这些企业发力的重点方向。

2016 年 5 月，零度智控在贵阳大数据产业峰会上推出一款小型智能无人机——DOBBY（多比）口袋无人机。该产品身形小巧，整机（含电池）重量只有 199 克，可折叠。之后，该产品入驻淘宝众筹进行预售，仅在第一天就创下了单日 500 万元众筹金额的佳绩。与此同时，零度智控与高通、腾讯合作制造的"空影 YING"也正在筹备中。

对手林立，竞品频出，大疆自然不会坐以待毙，不能眼看市场份额被竞争对手抢占而无动于衷。相反，大疆也注意到小型自拍无人机市场，就在 DOBBY 面试后不久，2016 年 9 月，大疆掌上折叠无人机"御Mavic"系列产品横空出世。

"御 Mavic"系列产品主打便携，外观上，机身小巧，折叠后仅为手臂粗、矿泉水瓶大小（长 83mm，宽 83mm，高 198mm），用户用一只手就可以轻松拿起；配置上，Mavic 搭载着 24 核处理器、双模式卫星定位系统、4 枚图像传感器、1200 万像素航拍相机、3 轴增稳云台以及智能电池；功能上，Mavic 支持每秒 30 帧的 4K 视频和每秒 96 帧的 1080p 视频拍摄，图像稳定，且支持自动跟拍和自动返航，支持最远 7 公里图像回传……也就是说，大疆全新推出的 Mavic 产品，虽然在尺寸上采用了紧凑设计，但它的性能甚至超越了大疆之前发布的

Phantom4！

在 Mavic 诞生之前，在大众的认知里"小型 = 功能低端"，也就是说小巧的机身往往注定要以牺牲性能为代价。而大疆的 Mavic 则重新定义了小型航拍无人机，用实际行动告诉大众"小"与"功能"其实是可以兼顾的。据 Mavic 设计工程师雨眠表示，其实最初大疆的意图也是想要打造一款口袋无人机，不过在经过一些调研分析后，他们认为不能单纯为了追求小而牺牲产品性能，"体积做得小本身没有错，但为了做到放在口袋里，牺牲了太多的画质和续航是不明智的"。

一向对市场有着敏锐洞察力的大疆，其实很早就已经意识到"体型更小的无人机或将成为潮流"。但是，消费者追求"体积小"的目的是什么？归根结底，大众绝不是为了"小"而"小"，消费者对"小"的追求背后其实是对无人机的便携性需求，只要能够满足小巧、容易携带这一需求，是否能放进口袋里也就变得无关紧要了。因此，在 Mavic 的设计过程中，面对"更好"和"更小"的选择时，大疆毫不犹豫地选择了"更好"。Mavic 产品设计师自信地表示："在性能和便携性两个维度上结合考量，Mavic 目前是一骑绝尘，没有对手。我可以自信地说，它将会是一款消费级无人机中具有里程碑意义的革命性产品，让高质量的航拍普及到更广大的受众群体。"[1]

正是这种对于用户需求的敏锐洞察力以及对产品的极致追求，成就了大疆。

---

[1] 资料来源：《大疆工程师揭秘 Mavic 随身无人机设计背后细节》，Mavic 设计工程师雨眠，《炫科技》，2019-03-15。

建立"有品位"的口碑

大疆的成功，归根结底还是产品的成功。直升机飞控、多旋翼飞控、"大疆精灵"系列、Mavic系列等，大疆的所有产品都秉承着"高品位"原则。在汪滔看来，大疆的核心竞争力来自品位，但高品位的保持，需要不断地在研发力度上下功夫，这也是为什么大疆始终不肯放慢脚步，坚持创新的原因。

汪滔曾在接受媒体采访时表示："既然大疆在科技环境里，做的东西也是我们擅长、喜欢的，所以我希望把我们的东西做成一流的、有品位的、能打动消费者的产品。我相信产品一旦有了高附加值，相当于你有了翅膀，就能飞起来了。"

汪滔认为，只有坚持打造高品位的产品，保持技术的领先地位，才能创造更好的用户体验。盲目应用互联网思维，追求所谓的低价和性价比，其实是在变相放弃自己应该得到的合理利润。从长远角度来看，这种破坏性方式十分不利于产业升级：当一个行业失去合理的利润，除少数行业领军者外，其他企业很难再进入该领域。而且，一旦大多数中国企业都为了低价而放弃对于产品品位的追求，随之而来的，就是大量质量差、用户体验差的产品，让"中国制造"背负"劣质"的骂名。

在对于产品品位的坚持上，汪滔和乔布斯很像，乔布斯有段非常著名的品位论，他认为自己对产品的直觉可以归结为品位。他表示，我们要做的是赋予产品更多的人文气息，通过高科技研发使产品具有更强的驾驭能力。而汪滔则认为，从某种意义上看，高品位意味着产品在技术含量、文化价值等方面要远高于普通产品，产品有了高品位，就相当于有了高附加值，有了打开市场的基础。换句话说，产品营销的重点应该是：打造好的产品，并建立"有品位"的口碑。

一个产品若想成功，产品和营销哪个更重要？多年来，这个问题一直没有准确的答案。有人说：好产品自己会说话，只要产品足够优秀，就不会缺用户；还有人说：酒香也怕巷子深，在这个信息爆炸的时代，再好的产品若是没有适当的营销，也很难走进大众的视野。这两种观点其实都没有错。事实上，真正高明的营销从来都不是独立存在的，它常常伴随着产品解决方案一同出现，这一点大疆深有体会。

好莱坞是大疆成功打开北美市场的一个重要突破口。在好莱坞影视剧的拍摄过程中，经常会涉及一些航拍镜头，但是对于制片人而言，每天高达 6 万元的直升机租金，以及飞行员、摄影师的费用无疑是非常巨大的成本投入。大疆无人机的航拍功能，则恰到好处地解决了这一难题。在专业人士的操控下，大疆无人机可以取代直升机，顺利完成多种航拍镜头的拍摄工作，成本低且效果出色。为了能让更多的剧组接受大疆的无人机，大疆销售人员会在推销之前详细了解每部剧剧情的具体要求，然后再为其推荐合适的产品系列或型号。同时，为了能让产品在影视作品中植入得更加自然，以便更好地获得制片人的认可，大疆还充分调动销售人员的想象力，充当编剧的角色，编造一些合理且精彩的故事情节……

在众人努力下，大疆无人机成功获得了好莱坞的认可，还成功俘虏了一大批明星用户。而在国内市场的拓展上，汪滔同样没有制造过多的营销噱头，而是尽力找到并满足用户的各种需求，打造品位营销。"高品位""有趣""创新"是大疆对自己的定位，也是希望在用户心中打造的形象。为了实现这一目标，大疆先后多次利用精彩的视频内容向大众传递品牌内涵，比如：2016 年 3 月，为了配合大疆韩国无人机旗舰店开业，大疆推出了一个产品宣传片，为了更好地获得当地消费群体的认同感，在这个宣传片中，所有画面都细心地融入了韩国元素。

2016 年 4 月，大疆推出了一条视频广告，该广告围绕"如何让你的旅程充满惊喜？"这一问题，向大众展示了大疆无人机的"无所不能"，它可以带用户感受到高空滑伞、草原纵马等众多非凡体验，以此向大众传递其智能跟随、指点飞行及智能避障等诸多功能。在视频的投放方面，大疆并不是单纯地将视频推荐给微信订阅号的所有用户，而是选择了户外旅行爱好者进行精准投放。投放效果显示，依靠这条视频，大疆成功获得了超过 400 个订单。

建立"有品位"的口碑，大疆营销的核心是：始终把用户需求放在第一位。营销的最高境界就是没有营销，当企业把用户需求当作营销重点时，其工作重心自然会放到价值创造、品牌沟通上，而不是自身产品的突出与强调上。

低"炸机"率非负担

俗话说，人红是非多，企业同样也是如此。大疆在无人机领域声名鹊起，负面舆情信息也随之而来。

2016年7月5日，腾讯科技发表一篇题为《大疆无人机神话破灭？炸机事故频发》的报道，文章指出："大疆无人机甚至被曝发生多起伤人事件。据《深网》[1]不完全统计，仅仅在今年（2016年）6月，大疆无人机发生的炸机事件就已超过30起。而这其中，还包括无人机在公共场所砸伤人的事故。"文中还讲述了几位航模爱好者使用大疆无人机出现问题的经历，通过这些人的经历，表明了大疆无人机炸机事件频发，且售后服务态度傲慢，在消费级无人机市场的领导地位很难长久的观点。其中，重点提到了一位"飞手"陈章，他在使用大疆机器出现问题，并且维权无门后，专门建立了"SB-DJI网站（无人机炸机资讯站）"，一个用来曝光大疆无人机炸机的网站。

"炸机"和"摔机"是航模术语，二者都是指由于操作不当或机器故障等因素而导致航模不正常的坠地，区别在于航模坠地后的损伤情况。如果坠地后航模无损伤，不影响继续飞行，就被称作摔机；反

---

[1]《深网》是一档腾讯新闻旗下的原创深度报道栏目，挖掘科技和TMT领域热门公司、事件和人物中的隐秘故事，探索背后的逻辑。

之，如果航模落地后损伤较严重，甚至完全被摔碎分解，导致航模完全无法飞行，就被称作炸机。不管是无人机飞手，还是无人机制造商，都不想面对"炸机"的局面。

在企业发展过程中，良好的口碑和形象至关重要，不良舆论信息、负面评价很容易给企业带来毁灭性打击。常言道："好事不出门，坏事传千里"，相比一些正面新闻，负面信息的传播永远来得更为迅速和有影响力，由于网络信息传播的便利性，这篇报道很快在网上掀起了不小的波澜。对于一直都以极致的产品技术和一流的品位获得市场认可的大疆而言，这简直可以称得上是奇耻大辱。

一向注重产品品位的汪滔，在看到这篇报道后怒不可遏，几乎未加任何思考就直接将文章链接发给了腾讯公司创始人马化腾，并称"你们下面腾讯科技有个叫'王潘'的小屁孩收了大疆竞争对手的钱来黑大疆"。

很快，事件当事人——该文作者、腾讯科技记者王潘对此事作出了回应，他在个人公众号发了一篇《自述：我为什么要收小米的钱黑大疆？》的文章，表示自己绝对没有收所谓的"黑钱"，之所以选择删稿，只是为了不给领导增加一些麻烦。但是他认为自己的文章"被一个身家超 300 亿人民币（大疆估值 100 亿美元，汪滔持股超过 50%）的行业大佬无端泼脏水，给公司上下领导都带来难堪"，要求汪滔为"收黑钱"言论向其道歉。

这篇《自述》使"炸机"事件继续发酵，一时间，大疆的"傲慢"和"高冷"成为众人探讨的话题。该事件最终以汪滔的一封公开信收场。

2016 年 8 月 28 日，大疆对多家媒体发了一封汪滔的公开信——《写给媒体朋友的一封信——大疆创新汪滔：作为一个 CEO 最应该做的是什么事》，在公开信中，汪滔委婉地对外界关于大疆"傲慢""高冷"的态度作出解释："我也不太喜欢稍有成就就出来经营自己，'知名成功人士'并不是我的追求。我要求全公司在大多数情况下，尽量保持低调，更多的是以立即能够推出的产品来和媒体对话。"同时，也承认大疆在处理与媒体关系方面的不足，表示接下来会有所改善，他说："大疆虽然小有成就，但还是一个通过不断解决各种管理问题而持续发展的年轻公司。由于公司的特色，导致之前对于媒体方面的工作重视不足，欠周到的地方在近期也在加大力度改革，媒体记者们应该会在接下来和大疆的接触中感觉到工作的进步。"对此，大疆创新副总裁、公关关系负责人王帆也表示，接下来，大疆将通过一系列活动与媒体加强沟通，让媒体对无人机行业特色和产品特点有更多的了解。

同时，汪滔也对大疆产品"炸机"现象进行了解释，他表示大疆"炸机"事件次数多最主要的原因是因为大疆的产品销量大，并不能说明大疆产品有质量问题："从炸机比例就能看出绝大多数的用户还是享受产品的，因此网上看到的都是炸机用户的发帖，也就导致市场占有率越高，口碑越差的假象。比如 A 家卖 50 台炸 5 台，B 家卖 1000 台炸 10 台，然后就有 5 个人吐槽 A，10 个人吐槽 B，但哪家的产品质量更好？"他表示："这种口碑特性对无人机行业的技术、可靠性和售后都有着非常苛刻的要求。大疆没有把这种苛刻要求看成是负担，我们希望可以在这种高要求中锻炼自己，让自己越变越好。"

值得一提的是，大疆与本次事件中涉及的另一个关键人物——"SB-DJI"网站创始人陈章的故事也非常有意思。陈章本是大疆的忠实用户，后来因为在使用大疆产品时出现问题并且没有得到满意的处理结果，而专门成立网站以表达对大疆的不满。在得知"SB-DJI"网站存在时，大疆也曾尝试用发律师函等强硬方式与陈章进行交涉，但效果并不理想。之后，大疆"用更加平和的方式处理这段关系"，以积极眼光看待网站的存在，还常常会到网站中搜集一些用户意见，对产品进行改进。最终二者成功消除误会，成了朋友，"SB-DJI"也逐渐转型为无人机资讯网站，陈章还曾受邀出席大疆的新品发布会。

世界上从来没有完美的产品，也没有完美的企业，企业成长的过程，就是一个发现问题、解决问题的过程。换个角度来看，有时一些批评的声音，反而是推动企业前进的动力。

第五章

做打动世界的产品

　　大疆精灵不仅成功将大疆创新带上了高速发展的快车道，也带动了消费级无人机市场的繁荣，众多竞争者的涌入瞬间将"蓝海"变成了"红海"。在愈加复杂的市场环境中，大疆一直保持着领跑者的地位，秘诀就在于其"始终专注于产品的态度"。汪滔希望能通过大疆精益求精的精神，为中国制造贴上高质量、高技术的标签，让中国产品打动全世界。

对手林立，霸主地位面临威胁

商业竞争就像一场没有终点的马拉松，就算你遥遥领先，也不能停下脚步。因为，在你的身后永远有一群人在奋力追赶，稍不留神，就有可能被取而代之。大疆在消费无人机市场所取得的成绩，迅速吸引了众多竞争对手的注意，大批企业蜂拥而至，争抢无人机这块蛋糕。到了 2015 年，整个无人机市场俨然已经成为一片"红海"。无论是国外还是国内，大疆都面临着严峻的挑战。

在国外市场，大疆最大的竞争对手就是被科林·奎恩称为"大卫"的 3D Robotics。2012 年末，3D Robotics 成功融资 500 万美元后，决定扩大经营，创始人之一的安德森正式辞去连线主编之位，出任 3D Robotics 的 CEO，主要负责公司运营工作，并着手开展多旋翼无人机的研发。此后 3D Robotics 进入了飞速发展阶段，先后多次获得融资：2013 年，3D Robotics 宣布获得了 3000 万美元 B 轮融资；2014 年底，据相关消息称 3D Roboti 成功获得了 C 轮融资，但具体金额不详。鼎盛时期，3D Robotics 在湾区、奥斯汀、圣地亚哥以及蒂华纳等多地均设置了办事处，员工数量超过 350 人，公司估值高达 3.6 亿美元（在当时折合人民币约 22.4 亿元），一跃成为美国民用无人机企业的领军者。

是大疆继续主导消费级无人机市场最大的威胁，曾被《福布斯》[1]称为"大疆的强大对手"。

很长一段时间，3D Robotics 都将超越大疆作为自己的目标，特别是在与大疆有着种种纠葛的科林·奎恩加入之后，这个目的越发明显。据 3D Robotics 前员工回忆，科林·奎恩曾经多次在会议上表示"要杀掉大疆"。2015 年 4 月，3D Robotics 予以厚望的无人机产品 Solo 面世，这是一架黑色的四轴飞行器。该产品具有飞行路径设定功能，且其开源软件平台面向外部开发者开放，目的是吸引更多力图以价格优势削弱大疆地位的无人机开发人员和企业的兴趣，以此来和大疆争夺市场的控制权。在安德森看来，如果大疆的定位是无人机行业中的"苹果"，那么 3D Robotics 则就相当于无人机行业的"安卓厂商"，"我们正在玩着'你追我赶'的游戏"。

这款售价 1700 美元的产品得到了诸多媒体的关注和好评，甚至有人认为可以取代大疆精灵系列，而这也引发了大疆极大的兴趣。Solo 面世后不久，大疆曾专门委派相关负责人远赴伯克利，与 3D Robotics 商谈股份收购事宜，但一直将大疆视为对手的 3D Robotics 明确表示了拒绝。[2]

除了 3D Robotics，法国的 Parrot（派诺特）也是大疆的强劲对手之一。Parrot 成立于 1994 年，比大疆起步早 12 年。成立之初，Parrot 主要业务是无线、语音、蓝牙和车载环绕音响等高科技应用产品的设

---

[1]福布斯集团成立于 1917 年，首开美国商业新闻的先河，其旗舰出版刊物《Forbes》是美国首屈一指的商业杂志，也是全球最为著名的财经出版物之一。

[2]资料来源：《美媒：美国最大无人机公司如何败给大疆》，观察者网，百家号，2017-02-13。

计、研发和销售。2007 年，Parrot 开始组建无人机团队，正式着手打造无人机产品。2010 年，Parrot 率先推出了第一架真正意义上的消费级无人机 AR.Drone，这为其在无人机领域的探索与扩张打下了基础。自此，Parrot 在无人机领域一路高歌猛进，先后推出了一系列无人机产品。据相关数据显示，2010-2015 年，Parrot 售出配备摄像头的迷你无人机超过 150 万架，主要以零售为主。百思买、ToysRUs[1] 以及苹果零售店等都是其产品出售渠道。2015 年第二季度，无人机的销售收入已经达到 Parrot 总收入的 44%，这预示着 Parrot 在无人机领域的探索取得了巨大成功。得益于无人机业务的成功，2015 年上半年，Parrot 公司股价上涨了 2.5 倍，由此无人机业务开始逐步演变为 Parrot 的核心，公司超过 50% 的员工都开始转到无人机团队。

与大疆不同，Parrot 的无人机以轻量级为主，主要面向的是教育、游戏等细分消费级市场，价格通常不高于 500 美元。

相比国外，国内的无人机市场竞争更为激烈，以零度智控、极飞科技、亿航智能为代表的几百家企业均向大疆发起了攻击。

零度智控是大疆在国内市场最为强大的竞争对手之一。2011 年，零度智控和大疆几乎同时将目光对准了多旋翼产品。遗憾的是，在产品研发上零度智控最终还是落后大疆几个月，因此没能抢占市场先机。之后，零度智控奋起直追，并与互联网巨头腾讯、无线外设技术专家雷柏等建立合作关系。2016 年 5 月，零度智控推出了口袋无人机 ZerotechDobby，凭借小巧轻便、方便携带等特点，Dobby 受到了消费者的热烈追捧，被誉为 2016 年最受关注的无人机之一。同年 9 月，在

---

[1] ToysRUs 是玩具反斗城旗下的一个连锁店品牌，玩具反斗城（Toys "R" Us，在其标志中的写法是 Toys "Я" Us）是全球最大的玩具及婴幼儿用品零售商，通过整合各类品牌，向消费者提供全方位及一站式的购物体验。

零度智控的新品发布会上，创始人杨建军宣布公司已经完成 1.5 亿元人民币的 B 轮融资，参与融资的企业有高通创投、和源资本以及千合资本等，资金将主要用于产品研发。据市场调研机构调研数据显示，2016年第三季度，大疆、零度智控、Parrot 成功占据了中国航拍机市场出货量的前三名，市场份额分别为 52%、24.3% 和 4.63%。至此，零度智控成为大疆在国内最强大的竞争对手，国内消费级无人机市场形成了"南大疆，北零度"的格局。

比大疆晚成立一年的极飞科技，是国内较早致力于多旋翼航模研发的企业。2011 年，极飞的业务规模已顺利突破 2000 万。之后，极飞开始逐步将重心由娱乐航拍向行业应用转移，先后尝试了将无人机应用到巡检、搜救、物流等多个行业。2013 年，极飞科技进入农业领域，之后便将农业无人机作为自己的主要研发方向，开始植物保护无人机的研发与投入使用之路，致力于为农民提供一整套的喷洒灌溉系统解决方案，从农业这个细分市场，抢占大疆在消费无人机领域的份额。

亿航智能由胡华智在中国广州创建，成立于 2014 年，虽然起步较晚，但是发展速度惊人。成立当年，亿航智能便成功获得了由 GGV 纪源资本[1]领投的 1000 万美元融资。第二年，亿航智能又成功完成了来自金浦投资、GGV 纪源资本、真格基金、乐博资本、东方富海、PreAngel 创投等多方参与的 4200 万美元 B 轮融资。在资本的加持下，亿航智能进入了飞速发展阶段。2016 年 1 月，亿航智能发布了"亿航184"自动驾驶载人飞行器，这是全球首款安全、环保、智能的低空中短途自动

---

[1] 纪源资本（外文名 GGV Capital，全称 Granite Global Ventures）是一家专注于美国和亚洲地区扩展阶段企业的领先风险投资公司。2019 年 11 月 16 日，胡润研究院发布《2019 胡润全球独角兽活跃投资机构百强榜》，纪源资本排名第 10 位。

驾驶载人飞行器。同年 7 月，亿航智能又推出了亿航天鹰 Falcon 行业应用无人机。同时，团队规模扩大到了 300 人左右。

除了上述企业，一电科技、艾特航空、科比特航空等企业均在默默发力，抢食无人机这块"大蛋糕"。任正非曾说，"只有到棺材钉上时才能松口气"，在商业世界中，竞争是永恒的常态，任何一家企业都不要奢望可以坐在领导者的位置高枕无忧，哪怕你是这个赛道的开创者。面对日益激烈的市场竞争，汪滔和他的大疆只能全力向前奔跑。

打败我的必须是我自己

在智能手机诞生之前，诺基亚是手机领域当之无愧的霸主。2007年是诺基亚的巅峰时期，市场份额达到了 50.9%。但同样是在这一年，乔布斯在舞台上拿出了那台给手机领域带来翻天覆地变化的 iPhone。这个 iPhone 只有一个功能键，它取消了实体按键，凭借流畅的 iOS 系统、出色的触摸屏以及良好的用户体验，迅速在手机领域掀起一波改革的浪潮。与此同时，安卓系统也在迅速崛起，和 iPhone 一起加快了对诺基亚市场份额的抢占和瓜分。诺基亚一度试图通过自研系统等方式进行自救，但是错误的商业决策，使其并没有找到发展的新大陆，就此跌下神坛。2014 年，诺基亚大部分手机业务被微软收购，从此，诺基亚逐渐淡出人们的视线。

从行业领跑者到"卖身"，诺基亚的经历让人唏嘘不已。诺基亚到底败给了谁？有人说它是被 iPhone 打败的，也有人说它是败于时代。事实上，诺基亚"神话"的破灭，最主要的原因还是自身。回过头来看，诺基亚曾经有很多机会转型自救，遗憾的是它并没有把握住，而是一味努力维持自己在功能机赛道上的霸主地位，却没有注意到，它的追随者们都已经悄悄改变了方向。

很多企业的遗憾在于，没有倒在艰难的创业起步阶段，也没有倒在奔向山顶的途中，而是倒在了成功到达山顶之后。诺基亚的故事告诉我们，在高度竞争环境中，企业要想保持领先地位，就必须要懂得居安思危，要能对市场变化有敏锐的洞察力，制定合理的战略规划，做到抓住机遇、迎接挑战、规避风险。在这一点上，一直在不断进行自我革命的大疆，或许可以带给大家一些启示。

在大疆的刺激下，消费级无人机领域的需求被迅速引爆，国内外众多企业纷纷开始攻城略地，3D Robotics 在中端无人机市场发力，Parrot 则对准低端无人机市场，极飞科技探索行业应用……在激烈的市场竞争中，作为行业内的领头者，大疆该如何保持自己的市场主导地位呢？

通过对市场的调研、竞争环境的分析以及自身资源的整理，汪滔及其团队从人才、技术和产品等方面确定了大疆的战略规划。

首先，人才是引领发展的第一动力，是企业的核心竞争力，特别是对于大疆这样的科技公司而言，人才的重要性不言而喻。根据马太效应[1]，公司发展越好，人才吸引力越强！经过近十年的发展，此时的大疆再也不会因为条件差而吓跑求职者，相反，行业的领先地位带来了充裕的选择权力。据大疆员工介绍，汪滔特别喜欢招募顶级的人才，比如毕业于清华、北大等高等院校的学霸，或者来自苹果等世界顶级知名科技公司的高级人才。

为了吸引更多的顶尖人才，大疆在美国加利福尼亚州帕洛阿尔托建立了可以容纳 75 名以上工程师的全新研发中心，并且通过各种方式在硅谷寻找顶尖工程师。2015 年 11 月，大疆宣布，研发中心已聘请原特斯拉自动驾驶团队负责人戴伦·里卡多（Darren Liccardo）担任公司全球工程副总裁，原苹果公司天线设计主管罗布·施拉博（Rob Schlub）

---

[1] 马太效应（Matthew Effect），是指好的越好，坏的越坏，多的越多，少的越少的一种现象。即两极分化现象。来自圣经《新约·马太福音》中的一则寓言。

担任公司全球研发副总裁。

戴伦·里卡多专注航空与自动驾驶技术研究，加入大疆之前，戴伦·里卡多先后就职于特斯拉、宝马以及智能传感器企业克尔斯博科技公司，他曾参与研发出首个获得美国联邦航空局认证的用于飞行器的惯性导航系统；罗布·施拉博曾就职于苹果、Antenova 等公司，在天线设计技术方面造诣颇深，iPhone 数款手机的天线都是出自他之手，其所拥有的专利数量超过 120 项。

另外，与戴伦·里卡多和罗布·施拉博同时加入大疆研发中心的，还有数十位世界顶级工程师。从大疆在人才的布局上可以看出，汪滔一直在试图加强大疆与硅谷高科技公司的联系。

其次在技术上，汪滔认为，消费级别无人机市场会成为一个"红海"，企业要想保持领先地位，就必须要有核心技术，"否则很容易拼杀成鼠标键盘这样的利润模式，甚至市场还没有鼠标键盘的市场大"。而在技术优势上，汪滔对大疆有绝对的信心，因为近 10 年的技术积累让大疆拥有了图像传输、云台技术以及飞行系统等多项核心技术。

创造力一直被大疆视为发展的根本，因此，大疆一直非常重视研发投入，2015 年，大疆研发人员数量已经达到 700 多人，接近大疆团队总人数的 25%，"研发力量是竞争对手的 10 倍以上"。

第三，在产品上。大疆一方面加快了产品的推出速度，另一方面在价格及产品性能上做了调整。2015 年 8 月，3D Robotics 的 Solo 上市后四个月，大疆 Phantom3 应运而生，Phantom3 专业版售价 1300 美元，价格低于 Solo 的 1700 美元；2016 年 3 月 Phantom4 上市，无论是价格，还是性能，都比 Solo 更占据优势，可以说，Phantom3、Phantom4 的相继面世，给了一心想依靠 Solo 超越大疆的 3D Robotics 一个沉痛的打击，Solo 销量远低于预期，无奈之下，3D Robotics 不得不退出了消费级无人机市场。

同年9月，大疆推出的掌上折叠无人机Mavic，凭借体积小便于携带、性能强以及价格低等特点，成功击败包括大疆自己推出不久的Phantom 4在内的诸多产品，市场反响良好。

最后，在产品品牌力打造上，大疆将苹果零售店发展成为Phantom3的销售渠道，成为苹果零售店中仅有的中国品牌。为了增加大家对产品的认知度，大疆高管纷纷到各地苹果官方零售店发放相关培训手册或进行操作示范。同时，大疆无人机受到了众多科技领袖的追捧，微软联合创始人比尔·盖茨就是大疆无人机的爱好者之一，为了大疆的无人机，比尔·盖茨甚至专门买了一台iPhone手机。

大疆的一系列操作，"杀"得众多竞争对手节节败退。据相关数据统计，2014至2015年，无人机领域融资数量多达122笔，而到了2016年，全球无人机行业融资出现大幅萎缩，不少企业甚至不得不选择退出，在消费级无人机领域探索失败的3D Robotics，更是进行了大规模裁员。

与之相反，据全球著名咨询机构Frost & Sullivan调查数据显示，在2016年，大疆在民用无人机市场占有率为70%，汪滔表示，精灵4诞生后，大疆国内市场份额一度增长到90%。到了2017年，大疆的估值已经高达150亿美元，较2013年的3亿美元相比，足足增长了5倍，勇于自我革命的大疆依旧是消费级无人机市场当之无愧的霸主。

然而，商业世界永远是动态的、充满未知的，企业永远在追赶与被追赶的路上。对于此时的大疆而言，要想保持在行业内的领导地位，这仅仅是个开始，未来，还有很长的一段路要走。

不能满足于眼前的成绩

在 2009 年至 2014 年的 5 年时间里，大疆的销售额一直以每年 2 至 3 倍的良好态势增长，到了 2016 年，大疆在全球消费级无人机市场的份额已经达到 90%，是该领域当之无愧的领导者，同行们基本上只能望其项背。

在 2015 年《福布斯》杂志公布的全球科技界富豪 100 强名单中，汪滔以 36 亿元身价位居第 54 位；在 2016 年 10 月发布的胡润百富榜中，汪滔以 240 亿元身价位居第 77 位；同年 10 月 18 日，在 2016 胡润 IT 富豪榜中，汪滔以 240 亿元的身价超过周鸿祎、程维、蔡文胜和任正非，位居第 54 位。

十年磨一剑，从 2006—2016 年，汪滔白手起家，用十年时间让自己成为中国最赚钱的 80 后之一，将大疆打造成第一家真正意义上引领世界科技潮流的中国企业，产品销往世界各地。《华尔街日报》[1] 曾经称大疆为"第一家成为全球主要消费品领域先锋的中国公司"，《福布斯》更是一度将大疆与柯达、戴尔和 GoPro 相提并论。大疆向世人证明了中国制造的实力。

---

[1] 华尔街日报（The Wall Street Journal）创刊于 1889 年，以超过 200 万份的发行量成为美国付费发行量最大的财经报纸。

可以说这个成绩让汪滔有足够骄傲的资本，但大疆和汪滔从未因这些成绩而满足。汪滔清楚地知道，在无人机这一高科技领域，如果不能实现不断对技术创新能力的突破，大疆就很容易被后面的竞争者赶超，从霸主的位置跌落。

但汪滔并不打算给同行们这个机会，自大疆成立以来，他从未停下探索的脚步，不断通过技术创新与突破，使行业门槛得到提升，致力于向世界各地人民提供创新、有趣且安全实用的技术与产品，用无人机为中国制造正名。一直以来，大疆都坚持以精湛的技术为驱动力，在对既有产品进行改进和完善、实现自我迭代的同时，也在不断尝试开拓新的领域，希望可以创造更多的可能。

对于市场，汪滔一直有一个非常清醒的认知，无论怎样无人机终归是小众领域，市场容量毕竟有限，很容易触碰到天花板。因此，大疆在消费级无人机市场所占份额再大，也"不能满足眼前的成绩"，而是要在消费市场进入稳定期后，将工作重点放到对商业级市场的布局上，快速寻求方法解决各细分领域的技术难题。只有这样，才能保持大疆的市场主导地位。

消费级无人机市场已经逐步接近饱和，商业级市场暂时还未开启。对于大疆未来的发展方向，大疆无人机智能导航技术总监杨硕曾在2017极客公园创新大会上发言称，大疆对自己的定位不仅是一家无人机公司，也是一家机器人公司，大疆希望未来可以打造出机器人教育产品。汪滔对任何产品都有着极为严格的要求，虽然机器人教育产品已经成为大疆的发展方向之一，但是汪滔认为当前大疆的技术还不足以支持其在机器人领域的发展，因此还需要等待合适的机会。一旦大疆在机器人技术方面取得突破，就会迎来非常广阔的应用前景，无人驾驶、工业制造、家庭机器人等多个领域，都可以遍布大疆的足迹。

大疆在无人机行业"腾飞"之后，经常听到有人评价大疆"不像一家中国公司"，对此，汪滔的心情有些复杂。虽然近一百年以来，中国有了天翻地覆的变化，但是，中国的工业品、文化艺术品以及消费品的总体水平仍然不高。

汪滔希望能够改变这种局面，"做出全世界消费者真正热爱的产品"，在全球舞台上提升中国产品的形象，推动"中国产品"向"中国品牌"转变。作为无人机领域的领军者，汪滔带领他的大疆，给予了"中国制造"全新的魅力内涵。"中国名片"的打造，需要更多像大疆一样的企业。

有技术就可以"为所欲为"

2015 年的一天清晨，白宫工作人员在白宫的草坪上发现了一台无人机，这件事情引发了美国特勤人员的警惕：一台无人机，是如何躲过严密监视，在不被察觉的情况下闯进白宫的？要知道，这可是美国的政府要地，防守真的疏忽至此？

白宫方面立刻就此事展开了调查，结果发现事情非常简单：凌晨时分，美国一政府情报人员在醉酒后，从朋友手中拿了一架四旋翼无人机玩耍，但是由于没有操作经验，无人机很快便在夜空中消失，短暂找寻找无果后，这位情报员就选择了放弃，直到第二天，这台无人机被发现坠毁于白宫草坪。而这架进白宫如入无人之境的无人机，就是出自大疆。

这件事情一经爆出，立即就引发了全球媒体的关注，在此后的大半年时间里，在众多场合，奥巴马都被记者问到了这件事。2015 年 4 月 25 日晚，一年一度的白宫记者协会晚宴在美国召开，晚宴上，奥巴马以玩笑的口吻对此事进行了调侃，声称特勤局已经想到了一条妙计可以确保自己的草坪不再被随意闯入，并且白宫已经安装了全新的高精尖安保系统——乔·拜登[1]。

经过此事，大疆开始被更多人所认识。但凡事有利必有弊，白宫乌龙事件虽然在一定程度上增加了大疆的曝光度，为其提高了一定社会影响力，但也由此引发了美国政府对大疆的警惕，大疆在技术上的突破引发了美国政府的恐惧与担心。为了遏制大疆的发展，在2016—2022年的6年时间里，美国以"窃取国家机密""威胁国家安全"为由，先后对大疆采取了种种限制和制裁举措。

2016年，美国议员以网络数据安全为由提案要对大疆采取限制举措；第二年，美国便以可能存在违法行为为由，对大疆发起了调查。2018年5月，美国陆军向全体参军人员提出了禁止将大疆应用到军用领域的要求。然而，由于无法找到可替代大疆无人机的产品，美军并没有真正停止对大疆产品的采购。同年8月，在禁令下达3个月后，美国空军特种部队提交了一个采购报告，报告中阐述，经过测试，Tiny Whoop、Ebee、3DR Solo等多个无人机产品都没有办法满足其作战任务需求，特此申请采购35架大疆无人机Mavic Pro铂金版。

根据美国有线电视新闻网CNN[2]披露的采购单等消息显示，在美国禁止军人购买大疆产品的限制措施下达后的一年时间里，"不大听话"的海军和空军们在大疆产品上的总支出约为25万美元。事实上，大疆的业绩也没有因为该限制措施而受到影响，依然保持着每年300%～500%的增长，并以70%以上的份额牢牢占据美国消费级无人

---

[1]约瑟夫·拜登全名为小约瑟夫·罗宾内特·拜登，昵称为乔·拜登，出生于美国宾夕法尼亚州，毕业于特拉华大学和雪城大学，爱尔兰裔美国政治家，特拉华州律师，奥巴马执政时期美国副总统，第46任美国总统。

[2]美国有线电视新闻网通过卫星向有线电视网和卫星电视用户提供全天候的新闻节目，由华纳媒体旗下的特纳广播公司所有。由特德·特纳于1980年6月创办，总部设在美国佐治亚州的亚特兰大。

机市场的龙头位置，且任何一家企业都无法与之匹敌。

当然，美国也没有因此而放弃对大疆的制裁。2019 年，美国国防部发布了《2020 财年国防授权法案》，明确提出禁止联邦资金购买中国制造的无人机，而美国商务部更是直接将大疆无人机列入大规模增加关税的商品行列。面对如此严厉的打压，大疆并没有慌张，而是做出了一个出人意料的决定：涨价。将所有在美国本土受影响的产品价格都进行了上调，平均涨幅在 10% 到 13% 之间。对此，大疆给出的解释是，由于受到关税影响，考虑产品成本问题，因此才做出了涨价的决定。他们尊重当地的法律法规，同时，也在积极地为无人机的发展而继续努力。这样一来，美国政府对大疆所增加的关税，最终也是由美国消费者买了单。

令人惊喜的是，即使价格有所上调，大疆在美国的销量不仅没有降低，市场份额反而有所增加。而后大疆引发的一次集中购买潮，一度将大疆在北美市场的占有率提升到了 85% 以上。

2020 年 12 月，美国商务部将大疆列入"实体清单"，在此之前，华为、奇虎 360 等多家中国企业均已被美国列入所谓的"实体清单"。根据前瞻产业研究院所公布的数据显示，2020 年大疆在全球无人机市场所占份额已经超过 80%，面对美方的无理制裁，在消费级无人机市场占据绝对优势的大疆反应很平淡，只是表示大疆不会放弃美国市场，美国用户依然可以购买和使用大疆的无人机产品。

从 2015 年那架掉落到白宫草坪上的无人机开始，之后几年时间里，美国从未停止过对大疆的制裁，且手段一再升级。但是，大疆在美国市场却依然保持着高歌猛进的态势，这主要得益于大疆掌握了无人机的核心技术，也就是说，行业的主导权一直在大疆手中。面对美国的制裁，反手涨价还击，把美国加利福尼亚州的关税还给美国人，听起来"大快人心"的霹雳手段后面，是强大的技术力支持。

　　大疆公关总监谢阗曾在产品沟通会上表示，大疆具有其他无人机品牌难以在短时间复制和替代的核心技术。他说："无人机能拆开的每一个零部件都是大疆自己生产的，底层代码都是自己的，同时大疆拥有全球最大的无人机研发团队，触角伸到高校，无论从专利还是研究方法，任何无人机公司都很难绕开大疆。"

　　在与美国的制裁和反制裁过程中，大疆用自己的实际行动告诉大家，只有重视自身专利积累，以技术创新保持和提升企业的核心竞争力，才能在竞争激烈的国际市场立足。大疆的实际经历证明：有技术就是可以"为所欲为"。当然，技术的积累和发展是个不断沉淀的过程，需要企业家守望初心，砥砺前行，切忌急于求成。

结识"怪兽"哈苏

"我们站在山顶，却发现无路可走。"这句话出自魅族营销总监华海良之口，没想到一语成谶。以 MP3 起家、凭借 miniplayer [1]一举成为"国内 MP3 第一品牌"，年销售额一度超过 10 亿元的魅族，自 miniplayer 之后，就再没有新品推出。企业是连续的，但是，市场是不连续的。在瞬息万变的商业环境中，企业原有优势随时有可能消失，企业要想实现可持续性发展，就必须要学会在自己现有产品业务还处于上升阶段时，努力拓展市场边界，寻找发展的 "第二曲线[2]"，以确保企业在"走下坡路"之前，获得新的成长动能。

对此，汪滔有着非常清醒的认知。凭借对技术的积累与钻研，以及不断推出的新品，到 2018 年，大疆已经成功在无人机的红海中"杀"出一片天地，牢牢占据了消费级无人机行业的头部地位，遥遥领先于其他竞争对手。但登顶后的大疆并没有如魅族营销总监所说，"我们站在山顶，却发现无路可走"，而是积极将目光转向了更为广阔的市场，

---

[1]魅族 Mini Player 是珠海魅族设计生产的一款可以和 ipod 相媲美的媒体播放器。

[2]第二曲线，经济术语。当企业某经营要素出现业绩增长拐点时，就必须思考通过创新发现"第二曲线"来弥补"第一曲线"即将面临的增长放缓，甚至业绩下降。

以寻找自己的"第二曲线"。

2018 年 8 月，大疆新一代产品 Mavic 2 Pro 的成功问世，再一次刷新了人们对小型消费级无人机的认知上限。Mavic 2 Pro 搭载了哈苏 L1D-20c 相机，在续航上，Mavic 2 Pro 整机续航时间提升至 31 分钟；在图传上，1080P 下的图传距离也超过了 8 公里。全新 L1D-20c 相机搭配哈苏自然色彩解决方案，使用户可以轻松获得最佳的自然色彩效果，航拍影像质感得到大幅提升。据了解，这是大疆携手哈苏历时两年研发出来的第二款产品。在此之前，2017 年 4 月，大疆与哈苏曾联合发布全球首款 1 亿像素航拍平台，但是，该产品并没有在市场上掀起太大波澜，影响力远不如 Mavic 2 Pro。

那么，到底谁是哈苏？它和大疆又是什么关系？

哈苏创建于 1814 年，是瑞典的一家高品质胶卷照相机生产商，也是世界著名相机巨头，与沃尔沃汽车共同被称为瑞典哥德堡市的骄傲。在哈苏成立之初，主要以航拍为主，直到 1948 年才正式进入民用摄影行业并推出相机，依靠精湛设计和独具匠心的制造工艺而闻名于世。1969 年，哈苏相机跟随阿波罗宇宙飞船一起登陆月球，并成功拍摄了人类首次登月的照片，由此声名显赫。

哈苏有相机界的"贵族"之称，其产品主要以中画幅相机为主，价格比较高昂。其中，哈苏 500 系列和 H5D 系列单台价格高达数万美元。但即使是"贵族"，也会面临名誉受损、资金紧缺的尴尬局面。

2015 年，受限于技术，彼时的哈苏已经很久没有推出在技术上有突破性的产品，除了情怀，哈苏在残酷的市场竞争中几乎找不到任何优势。遗憾的是，哈苏非但没有集中精力进行技术创新，反而一改以往严谨的经营理念，走上了"贴牌"之路，先后发布了 Stellar、Lunar、HV、Solar 多款奢华版的索尼贴牌相机：性能没有多少改变的相机，因为有了"哈苏"的品牌，价格瞬间上涨。结果可想而知，"哈苏"的口碑从此一落千丈，甚至连续三年都获得了"年度最差相机"称号。

察觉到"贴牌"所带来的危害后，为了自救，2015 年，哈苏紧急叫停了这一行为，希望能够寻求新的出路。众所周知，一直以来，中画幅相机都是哈苏的核心产品，但是，中画幅相机笨重的机身、相对较高的价格等特点，使其使用场景极为受限，除了商业照片的拍摄，大部分用户都更愿意选择灵活轻巧的全画幅相机，这就决定了哈苏所面向的市场规模越来越小。对于哈苏而言，开拓新市场迫在眉睫。虽然时任哈苏 CEO 的 Perry Oosting 明确表示，未来哈苏将集中精力推广自身品牌的核心价值，但是此时的哈苏，一没明确转型方向，二没资金，陷入了生存困境，万般无奈之下，只能寻求投资人帮助。

而此时，已经"站在"山顶的大疆正在积极进行产业布局。影像技术也是大疆研发的主要方向之一。当时的汪滔虽然在相机研发方面已经具备一定实力，但是一向追求"极致"的汪滔对此并不满意，因为专业的航拍相机需要更为深厚的技术底蕴，而拥有 75 年相机研发历史的哈苏可以恰到好处地弥补大疆在相机技术上的短板。汪滔表示，大疆和哈苏都乐于为富有创造力的人士提供先进技术，双方的合作可以使影像技术的疆界得到有效拓展。同时，哈苏的贵族气质也与大疆追求极致品位的气质相符。

基于以上种种原因，大疆决定向哈苏伸出援手，对哈苏公司进行战略投资，成为哈苏公司少数股东并进入哈苏董事会。双方一拍即合，正式建立战略合作关系。对此，哈苏公司 CEO 派瑞·奥斯丁（Perry Oosting）表示，哈苏与大疆都是追求卓越、富有创造力的企业，期待双方能够互相交流技术经验并进一步深化创新。

第六章

"竞价"融资

2018 年 4 月，特立独行的大疆采取了一种前所未闻的融资方式——竞价融资。没有上市计划，不公开财报，不能尽职调查，投资者在认购股权的同时还要主动竞标高比例的无息债券，将钱无偿给大疆使用至少三年！在如此苛刻的条件下，投资机构依然趋之若鹜，争相参与"竞价"。于是，大疆以绝对强势的地位，主导了一场震惊整个投资圈的融资"大戏"！

不缺钱，有人送钱投资

融资，是企业发展永恒的主题。有人说，对于一个企业经营者而言，最重要的三件事，就是找人、找钱、找方向。对于资金的需求，贯穿着企业的整个经营活动，稳定的资金来源是企业生存与发展的基础和第一推动力。纵观整个商业历史，因为资金链断裂而被迫宣布破产的企业不胜枚举，其中甚至不乏一些知名企业。如一度成为中国规模最大刹车片厂商的信义集团[1]、号称是第一家拿掉安全员把自动驾驶卡车驶上路的 Starsky Robotics[2] 等。

作为企业获得资金与资源支持的重要手段，融资，是大多数企业发展过程中绕不开的一个话题。就在众多创业者都在为如何获得资本信任、取得资金支持而苦恼不已时，汪滔却显得格外淡然，因为对大疆而言，成立之初家族世交陆迪的 9 万美元投资是"唯一一次需要外部资金的时刻"，在之后的发展过程中，汪滔几乎再也没有因为资金问题而烦恼过。

---

[1] 信义集团是一家以刹车片、刹车盘和制动器总成为主导产品的国家级重点高新技术企业、国家汽车零部件出口基地企业、中国汽车零部件百强企业。

[2] Starsky Robotics 成立于 2015 年，是一家来自旧金山的美国新创公司，致力于将自动驾驶、远程控制等技术融入车队以打造下一代卡车（物流）。

据相关数据统计，2013 年 1 月到 2015 年 5 月，短短两年多的时间里，大疆就已经成功完成了包括红杉资本中国、远瞻资本、麦星投资、中恒星光、Accel Partners、新天域资本等投资机构进行的 5 次投资，融资金额超过 2 亿美元（如表 6-1 所示）。其中，2015 年，大疆就获得了 4 次投资。

表 6-1 2013—2015 年大疆融资情况统计表

时间	轮次	金额	投资方
2013.01.01	A 轮	数千万美元	红杉资本中国
2015.01.01	股权融资	未披露	中恒星光
2015.01.23	B 轮	数千万美元	红杉资本中国、远瞻资本、麦星投资、锐银资本
2015.05.06	C 轮	7500 万美元	Accel Partners
2015.05.31	股权转让	3000 万美元	新天域资本

2018 年，有内部人士对外透露称，大疆真的不缺钱，因为"有人送钱，还好几倍地送，不要都不好意思"。这话听起来，大疆确实有一些狂妄，但是，它的狂妄是有资本的。

经过最初几年的蛰伏，此时的大疆正处于高速发展阶段，在无人机领域，大疆的名字几乎无人不晓。有业内人士表示，大疆成功打破了无人机专业程度高、操控设备难等限制，把无人机引入到大众市场，开辟了无人机的新时代——消费级无人机。

在全球范围内的消费级无人机市场，大疆都占据着绝对的领军地位。在国外市场，售价在 1000~2000 美元之间的无人机领域，大疆市场份额高达 66%；而售价在 2000~4000 美元的无人机领域，大疆市场份额为 67% 左右。在国内市场，大疆的影响力同样不容小觑，特别是售价在 6500~9000 元人民币的无人机领域，大疆市场份额几乎达到了近

100%。

在 2017 年 12 月胡润研究院发表的《2017 胡润大中华区独角兽指数》中，大疆的企业估值超过 800 亿人民币，位列第八。其中，排名前三的企业分别为：蚂蚁金服以超过 4000 亿人民币的企业估值位列第一，滴滴出行以超过 3000 亿人民币的企业估值位列第二，小米、新美大以超过 2000 亿人民币的企业估值并列第三。而据 2018 年胡润百富榜显示，在以机器人为主营业务的企业家排行榜中，位列前三的汪滔、陆迪和谢嘉，都出自大疆。其中，大疆汪滔以 450 亿元身价在总榜中排名第 46 位。

之所以有如此成绩，自然离不开大疆业务的喜人增长。据公开数据显示，自 2013 年起，大疆的销售收入一直呈现出明显的增长趋势。在 2013 到 2017 年这几年时间里，其增长速度每年约一倍左右。其中，2013 年大疆的销售收入为 8.2 亿元人民币，而到了 2014 年，大疆的销售收入就达到 30.7 亿元，实现了近 4 倍的增长。2015-2017 年，大疆营业收入分别为 59.8 亿元、97.8 亿元、175.7 亿元人民币，净利润分别为 14.2 亿元、19.3 亿元、43 亿元人民币，增长速度令人惊叹。而消费级无人机是大疆的主要收入来源，2017 年，大疆在消费级无人机业务的营收占总营收的 85%。

业绩的突飞猛进以及盈利能力的稳定提升，使得大疆一直备受资本市场的关注。

事实上，自 2015 年起，资本市场就对无人机行业表现出了明显的兴趣，让无人机行业迎来了投融资热潮。据专业机构统计，2015 年，在无人机领域共发生 74 宗融资案例，累计融资金额高达 4.5 亿美元，比 2014 年增长了 3 倍以上。

资本的疯狂涌入，无疑进一步推动了无人机市场的蓬勃发展。而作为其中的佼佼者，大疆更是受到了资本市场的竞相追逐。但是汪滔并没有被这些光环冲昏头脑，和一些为了获得资本青睐而在"讲故事、炒概念、赚快钱"的道路上越走越远的企业不同，一直以来，大疆都没有过多依赖资本，因为汪滔坚信，只有专注于产品创新，才能在国际竞争中取得优势，才能取得真正意义上的成功。

所以，从产品上来看，大疆一向非常看重产品的研发与创新，在研发上一直保持着较高的投入，新品发布率在行业内也始终保持着较高的水平。2013 至 2017 年，大疆几乎每年都会推出具有代表性的产品，产品应用范围也在不断拓展，并被逐步应用到航拍、消防、影视、农业等多个领域。

拥抱资本，却不依赖资本，这是汪滔一贯的风格与态度。融资，或许对于大多数企业而言，都不是一件容易的事情，但是对于正处在快速发展时期且盈利能力突出的大疆而言，用轻而易举也不为过，甚至还让大疆拥有了更多的选择权。据了解，不少投资机构曾主动向大疆抛出橄榄枝，但是都被其婉拒了。

一位知名创投机构负责人曾经在接受采访时表示，自 2010 年起，大疆就引起了他极大的兴趣，为拉近距离，其公司投资人员曾专门约大疆的高层进行爬山、钓鱼等活动，遗憾的是，最终却也没能得到投资大疆的机会。

而大疆天使投资人、远瞻资本创始合伙人兼董事长胡明烈非常庆幸自己在 2012 年就发现并投资了大疆。这其中，还有一个非常有意思的小细节，据胡明烈透露，2012 年时，大疆对于自己未来的公司模式还没有完全确定，因此即使已经出了钱，远瞻资本也一直没有获得大疆的股份，直到 2015 年，大疆的股东价格才真正确定。

一个真正有潜力和能力的企业，一定是被资本追逐的。所以，企业经营者"找钱"的正确打开方式应该是让资本来追逐自己，而非去追逐资本。在这一点上，汪滔异常清醒！一直以来，在大疆的成长过程中，从来都没有对资本表现出过多的依赖，能够取得如今的成绩，大疆始终靠的是对技术和产品的钻研与打磨，这才是一家科技企业应有的态度。从这一点上看，根本"没有理由怀疑大疆做不好事情"，大疆的未来依然充满了无限可能，值得期待！

融资设局"饥饿游戏"

你见过这样的融资方式吗？送钱还要排队，要等待审核，通过者才有资格进行投资。

2018 年，一贯提倡"创新"的大疆，在融资模式上标新立异，推出了竞价融资。这次融资过程中，大疆彻底打破了大众"有钱就是爷"的认知，担任了强势"甲方"的角色。大疆提出竞价条件，然后要求各个参加竞价的投资机构围绕大疆的条件出价、投标，竞价的标准也非常简单：价高者得，即谁出的价高，谁才有资格对大疆进行投资。在大疆的主导下，投资机构之间展开了一场激烈的竞标大战。

这种融资方式，让很多投资人士感到不可思议。一向习惯以高高在上姿态出现的投资人，从来没有想过，有一天自己会如此低声下气地等待被人"翻牌"。鉴于大疆在过去几年中的优秀表现以及对未来的清晰布局，虽然很多投资人对大疆的一系列苛刻条件颇有微词，认为这样的融资方式难免有些"欺负人"，但是参加竞价的投资机构却依然趋之若鹜。

据了解，首轮竞价结束时，向大疆递交保证金和竞价申请的投资机构接近百家，认购金额超出大疆计划融资额的 30 倍，大疆因此获得了"史上最强势融资方"的称号。在这次融资中，大疆推出了一种"B 类 +D 类"股票结合的新型融资形式，根据大疆设定的游戏规则，只有认购一定比例无收益 D 类普通股的投资机构，才有机会获得 B 类普通股的投资资格。

从本质上讲，D 类股就相当于一种"无息债"，因为大疆仅承诺锁定三年后可回购，也就是说投资人要在大疆没有任何利息承诺的基础上，把钱无偿拿给大疆用。在 D 类股身上，投资者完全没有办法计算收益。同时，大疆还对 B 类股设置了投资上限——每个机构不得超过 5 亿美金，起投金额为 1000 万美金。大疆对于投资机构 D 类股票的情况非常关注，并公开表示，在同等条件下，投资机构认购 D 类股票越多，其竞标成功的概率就越大。

这种像供应商招标的融资方式一经公开，便引发了创投圈的一片哗然。毕竟在融资上，像大疆这样强势的企业确实不多见。有投资机构表示，大疆确实不一般，连投资都不走寻常路。

根据市场不成文的规则，融资是许多企业发展过程中非常关键的一个环节，企业处于不同的发展阶段，对于融资的需求不同，其融资战略也会随之发生改变，企业规模越大，发展速度越快，对于投资机构的要求就越苛刻，除了金钱，投资者的背景、资源、服务能力、协同效应等，都是企业在对投资方进行筛选时的重要标准。很多企业甚至会在这一阶段，专门聘请专业的 FA（Financial Advisor， 财务顾问）来承担接洽大型基金的职责。

但是从大疆最初设置的投资条件来看，它对于潜在投资者的要求并不是很高，从其披露的资料可知，只要满足适用法律下的相关合格投资人或成熟投资人的标准，达到融资材料中的最低认购要求，完整填写并签署认购申请表，并缴纳 10 万美元保证金，就可以参与大疆此次的"竞价"。

据媒体报道，一位参与此轮大疆融资的投资者称，"他们（大疆）

觉得没必要找基石投资者[1]，所有人公平竞争"。

尽管大疆的强硬态度让资本感觉有些"委屈"，但是这并不妨碍大家对大疆的投资热情。大疆到底有多"抢手"？除了参与融资的机构数量，我们还可以从大疆对待投资机构的态度中窥得一二。

据了解，针对大部分投资者，大疆都没有向其公开自身的财务数据，这也是大疆一贯的作风。据知情人士透露，大疆前几轮的领投机构，都没有得到大疆的具体财报，他们只能通过 CFO[2]（Chief Financial Officer，首席财务官）的口述数据来了解大疆的财务情况。

对于外部投资者，汪滔的态度一贯很强硬：大疆从来不和投资者进行业绩对赌，也从不承诺企业上市时间，就连投资人的内部尽职调查要求，也会遭到汪滔的拒绝。更重要的是，无论什么情况，投资人都不能对公司的运营进行干预。

值得一提的是，在本轮融资过程中，大疆秉承着绝对公平的原则，对所有参与"竞价"的机构一视同仁，即使是曾经业务贡献突出的合作方，也没有享受到任何特殊待遇。就在 2018 年 4 月 3 日当天，大疆在给投资机构的邮件中，曾特意提醒："目前市面上很多打着旗号说保证可以拿到份额的中间人，大家千万不要上当受骗，因为公司不会接受任何人的推荐，选择仅在于 D/B 认购比例的高低。大家更不要花钱托中间人或者大疆内部员工来说自家的好话，这样只会为自己减分，白花冤枉钱。"

这种别具一格的"竞价"融资方式，将大疆推上了风口浪尖。对

---

[1] 基石投资者主要是一些一流的机构投资者、大型企业集团，以及知名富豪或其所属企业。

[2] 首席财务官，又称首席财务长或财务总监，是在一个企业集团或财阀中负责财务的最高执行人员。

于大疆的这种做法，外界褒贬不一。在许多投资者看来，大疆这种所谓创新式的融资方式，是在"扰乱市场""破坏规则"，并不值得提倡。但是，也有人表示，"实力就是资本"！大疆能让投资者争抢，完全依靠自身的实力。融资本身就是一个双向选择的过程，既然投资者有选择企业的权利，那么，企业自然也可以提出公平的条件让资本竞争。

不管外界如何纷扰，汪滔都从未受到影响，因为他深知市场规则：强者从来不愁无人问津！过去的努力，给了大疆更多的选择空间。而且，这种"竞价"融资的方式对于大疆而言，好处是显而易见的——在降低融资成本的同时，还可以筛选出更为合适的投资者。

竞价，在争议中取得成功

大疆这场备受瞩目的 10 亿美元融资"大戏"整整上演了一个多月的时间，才宣布落幕。至此，该轮融资成了大疆乃至整个创投界的一个标志性事件。

2018 年 4 月 3 日，大疆首轮竞价结束。据统计，参与"竞价"并且缴纳 10 万美元保证金的机构多达百家。经过统计，4 月 5 日，大家得到了首轮竞标的结果：投资者对于大疆 D 类和 B 类的认购比例平均为 1.29:1，简单来说，就是每 1 万美元的 B 类股份对应 1.29 万美元的 D 类股份，和大疆计划融资金额相比，此次融资的投资者的认购金额超出了 30 倍。

然而对于这一结果，大疆却并不满意。据相关资料显示，大疆认为，之所以选择 D/B 认购比例进行竞价排名，目的是为了尽可能地给所有投资者都营造一个公平的"竞价"环境。但是，从实际情况来看，第一轮的竞价方法存在潜在的漏洞。由于信息不透明，大多数投资者对其他投资者的 D/B 认购比例甚至最高比例都不知情，但是也有少数投资者掌握了这些情况，这对大多数认购投资者而言，显然缺乏公平性。为此，大疆决定继续开放下一轮竞价。

为了避免信息不对称的情况再次发生，大疆决定分 3 次公布最高 5 亿美元（单个投资机构投资额上限）的平均 D/B 认购比例。并在临近截止日期时，大疆又加大公布频率，当 5 亿美金的 D/B 平均认购比例发生变化时，及时通过群发邮件的方式通知投资者，实现信息共享。

4 月 15 日下午，大疆第二轮竞价结果初露，截至当日下午 3 点半，最高 5 亿美元的平均 D 类 /B 类股的认购比例为 1.61:1，这就意味着，每投资 1 万美元的大疆股份，投资者就要无偿借给大疆 1.61 万美元使用至少 3 年。

4 月 20 日，大疆第三轮竞价正式开启。据了解，此次竞价中，参照前面的增长趋势，有投资者表示已经将心理价位平均 D 类 /B 类的认购比例提升至 2:1，并称这是一个"很痛苦"的决定，因为这意味着每投三块钱，才能得到一块钱的股票。即使是这样，仍然有很多投资者认为这次投资非常值得尝试。

除此之外，还有一些中小投资机构表示，自己明明已经入围第三轮融资，却还是接到了大疆退还其 10 万美元保证金的电话，对于这样"毫无契约精神"的公司，根本不值得投资。

4 月 23 日，大疆向投资机构表示，最终结果将会在两周内出炉。4 月 26 日起，开始有投资机构陆续接到大疆的通知。

5 月 7 日，大疆融资结果终于尘埃落定。据了解，此次领投方有五六家，每家至少 1 亿美元。令人意外的是，在最高 5 亿美元的平均 D 类 /B 类股的认购比例上，大疆并没有选择 1.7:1 或者 2：1 这样较高的值，而是选择了一个较为合理的比例和较少的机构投资者，此次融资最终 P:D 的比例为 1.5:1。对此，有收到大疆认购份额邮件的投资者表示，从最终结果来看，大疆本次的融资并非唯利是图，而是在对每一家投资者进行认真的综合考察。

对于大疆的这次融资结果，真是几家欢喜几家愁。投资者们对于大疆的评价也是褒贬不一。有参与竞价的投资者表示，大疆不接受尽职调查，也不向投资人公布公司财报，融资估值标准只能"参考对标公司和其过去成交价格"，而且融资条件还总是"变来变去，没有契约精神"。

还有投资者表示，虽然大疆是当之无愧的独角兽公司，但是，所有的投资都是以赚钱为目的，所以"性价比"非常重要。大疆这样的融资方式很有可能导致投资者没有多少钱可以赚，盲目为了蹭热度而跟进非明智之举。

然而，大多投资机构都对大疆的此次融资表示非常看好。一些遗憾"落选"的投资者，甚至还在"竞价"结束后，加紧和入选机构进行联系，寻找获取大疆股权份额的机会。有专业投资人士表示，从当前的发展情况来看，"大疆已经突破了传统的 60 个月产业周期，具有很强的消费属性和创造力"。一家科技公司能实现营业额连续多年翻倍，净利润复合增长率超过 70%，这在中国商业史上并不多见。而且，在融资规则上，大疆还有一项明文规定，即不允许之前的融资老股转让套现，对于私自转让的股票，不给予股权关系变更，这项规定给了本次融资者极大的利益保障。

在争议之中，大疆的这场历时一个多月的创新融资彻底告一段落。据悉，这是大疆融资史上规模最大的一次融资，融资总规模高达 10 亿美元，而经过此轮融资，大疆的估值也增长到了 160 亿美元。

据大疆此次的融资文件显示，未来大疆要拓展的方向主要有三个：

1. 医疗影像 AI 市场，年市场规模 50 亿美元以上；

2. 教育领域，"3 岁 + 科技"课程，年市场规模 100 亿美元以上；

3. 新兴产业，主要包括围绕视觉、算法、影像处理、集成芯片技术为一体的人工智能及先进制造、机器人等相关市场。

融资材料中，大疆也对公司未来 5 年营业收入来源进行了预测，其中，新业务营收预期占比 25%。

而这一布局，或许主要源于大疆的危机意识。虽然当前在无人机市场，大疆有着绝对的领先优势，占据了全球消费级无人机领域 70%

以上的市场份额。但是，无人机毕竟是一个相对小众的市场，市场正在逐渐趋于饱和。据福布斯报道，2014年和2015年，无人机领域的融资案例，全球共发生122笔。到了2016年，行业投资规模便呈现出大幅度缩水趋势，行业发展不容乐观。大疆预测，消费无人机市场将在2020年后达到饱和，增速或不到10%。

虽然种种迹象都表明，无人机的产业风口已经成为过去时，但是这并未影响投资者对于大疆的追捧。有专业人士称，所谓风口过时只是意味着这个产业已经逐步稳定，但是从应用来讲，无人机的未来还有无限可能。甚至有投资人非常自信地表示，他相信，依照大疆目前的增长速度，这一次投资的5年回报率至少会有3到5倍！

有业内人士表示，和以往融资形式中投资人占据主导话语权不同，在本轮融资中，作为融资方，大疆处于一个相对强势的地位。大疆之所以能备受投资人的青睐，一方面反映了大疆的实力，另一方面也在一定程度上反映出了我国优质高科技企业投资项目的稀缺。

没有 IPO 计划

自 2013 年，"独角兽"的概念被风险投资家 Aileen Lee[1]提出以后，"独角兽[2]"企业就一直备受资本市场关注，几乎全世界的投资者都在寻找"独角兽"。对于投资者而言，那些独角兽或者具备独角兽潜质的企业，就相当于一个个"聚宝盆"，在适当的时候对其进行战略投资，IPO[3]（Initial Public Offering，首次公开发行）就成了最顺理成章的退出方式。

正当"独角兽"概念在投资圈被爆炒之际，作为中国独角兽企业的中流砥柱，大疆自然而然就成了各路投资者竞相追逐的对象。而大疆此轮的融资，更是被很多人看作 Pre-IPO[4]，称其很有可能是上市前的融资，因而被投资者们疯狂争抢，造成了"有人送钱，还好几倍地送，不要都不好意思"的局面。

---

[1] 艾琳·李（Aileen Lee），Cowboy Ventures 管理合伙人。2020 年 4 月，在福布斯 2020 年全球最佳创投人榜（Midas list）中位列第 80。

[2] "独角兽"企业是指估值在 10 亿美元以上的初创企业，也有投资机构将"初创"定义为成立不到 10 年。

[3] 是指一家企业（发行人）第一次将它的股份向公众出售。（首次公开发行，指股份公司首次向社会公众公开招股的发行方式。）

[4] Pre-IPO 基金是指投资于企业上市之前，或预期企业可近期上市时。

不过，对于此轮融资，大疆创新公关总监谢阗曾经在大疆创新于深圳举办的中国区产品解读会上公开表示，此次融资更多的是与银行之间的合作，与大疆现有的业务关联不大，可以将其看作是大疆一次"金融方式的创新"。谢阗还表示，当前大疆并没有关于上市的计划。也就是说，大疆并没有就上市进行任何的布局、落实和推进。

对此，很多人表示不理解，他们认为以大疆现在的市场份额，如果上市，很有可能获得更高的估值。有人分析，大疆之所以不计划上市，主要原因可能是两个：

第一，大疆不缺钱。

一方面，从销售收入和利润来看，大疆的增长速度令人惊叹，短短几年时间就实现了质的飞跃。另一方面，有业内人士曾经表示，对于大多数企业而言，上市其实就是融资的一个重要手段，即使不上市，大疆也能得到足够多的融资。因此，对于大疆而言，是否上市并不重要。对此，谢阗曾经表示，从融资需求来讲，大疆融资的方式有很多，并不需要通过上市来融资。

第二，不想被资本侵蚀。

在谈到华为为什么不上市，任正非曾经表示，企业一旦上市，就很容易受制于人，华为很难再专心地锁定自己的战略目标。

要知道，对于科技企业而言，专心于核心技术的研发是一件非常重要的事，但是资本的逐利特性，又决定了其很容易促使企业将利益放在首位。因此，科技企业一旦走上上市之路，很多项目研发都将被束缚。从这个角度来看，作为一家以科技创新为动力的高新技术企业，大疆之所以一直选择不上市，原因大概和华为类似。从大疆的发展史中我们不难看出，汪滔是一个极有个性和远见的人。一直将无人机当作自己梦想的他，自然不愿意因为资本的干扰而影响大疆的整体开发与布局，更不会愿意因为上市而丧失自己最初的愿景和使命。

有知情人就曾经透露，汪滔是一个非常不愿意被管束的人，这一点上，从以往大疆对于资本的态度，我们也可以大致了解。因此，从过去到现在，再到未来，他根本就没有想过让大疆上市。

那么，可能有人会担心，如果大疆没有计划上市，投资机构怎样退出？

据了解，针对此次融资，大疆对于退出机制已经做出了明确规定：大疆承诺每年将公布两次退出的时间段和官方最新估值，届时，该估值将按照 25 倍 PE 核定，净利润则按最近 12 个月的营收数据计算。所有有意向退出的投资者都可以进行申请。

对于 B 类股，大疆可根据现实情况，决定是对投资者拟转让的 B 类股票进行回收，还是安排集中转让给有意认购的投资者。同时，大疆有权选择是否按照最近一期官方估值对投资者持有的 B 类股进行回购；关于 D 类股票，锁定期为 3 年，锁定期满后，投资者可要求公司回购其持有的 D 类股票。在投资者提出该要求的情况下，公司将安排回购，价格按照投资者的投资成本价计算。

而公司 IPO 后，投资者持有的 B 类普通股票将正常流通，不受限于退出机制。

据了解，虽然大疆短期内并没有 IPO 计划，但是有投资者表示，他们对于退出问题并不担心，因为大疆的股份一直非常抢手，从不缺少愿意接盘的人。

对于大疆本次 10 亿美元融资的目的，谢阗也给出了答案，他说："我们愿意打开与资本合作的窗口。未来我们可以扶持大疆的一些下游厂商，或者一些非常优秀的年轻创业者，从而打造一个生态链。"

第七章

暗藏危机，转型艰辛

在经历过一段时间的疯狂增长后，在消费级无人机市场占据绝对优势的大疆似乎遭遇了行业天花板，政策、供应链腐败、新冠肺炎疫情反复无常等一系列问题随之而来，市场渐趋饱和，大疆增长开始变得缓慢，危机乍现。在这种情况下，如何找到突破口，推动转型实现新突破已经成为大疆必须思考的问题。

禁飞令

经过多年发展，在消费需求增长和技术进步的双重作用下，中国无人机行业取得了长足发展，以大疆为首的中国无人机企业在全球消费级无人机市场占据了绝对的领先地位。据相关数据统计，2014 至 2017 年，我国无人机行业发展迅速，产值复合增长率超过了 80%，截至 2017 年，我国无人机行业市场规模达到了 151 亿元。

任何一个行业在高速发展的同时，都会出现各种各样的问题。

无人机市场的火爆，用户规模的不断扩大，各种各样的问题也接踵而至。由于无人机具有易操作、目标小、速度快等特点，其不规范使用会在一定程度上给民航安全、安保工作等带来较大威胁。各种网站关于"无人机的 N 项原罪"话题的讨论越来越多，呼吁加强无人机管理的声音也越来越高。

民用无人机大量应用所带来的各种安全隐患开始受到越来越多人的重视，总结来看，无人机的安全隐患主要集中在以下几个方面：

一、泄密风险。

随着技术的不断突破，无人机的操作变得越来越简单、功能越来越多、受众越来越广，使用者道德素质水平参差不齐，一些用户安全意识、保密意识淡薄，很可能在无意间便给个人甚至国家安全带来重大威胁。

2017 年 5 月，一名湖南籍男子黄某就曾出于好奇心，在广州白云区登山期间利用无人机拍摄营区内的军事设施。所幸，其行为及时被部队战士察觉，在广州警方的干预之下，航拍资料并没有外传，因而未造成严重后果。

事实上，2015 年 1 月，那架出现在白宫草坪上的无人机，带给人们的绝不仅仅是与白宫相关的一些谈资，更多的是对民用无人机所带来的安全隐患和泄密风险的思考。

二、人身财产安全。

众所周知，无人机在飞行过程中，桨叶会处于高速旋转的状态，在这种情况下，即使是薄薄的塑料片，也会变得异常锋利，给人身安全带来危害。而危害的程度和无人机的大小、飞行速度以及飞行高度息息相关。

在澳大利亚三项全能比赛上，一架正在对比赛者进行拍摄的无人机突然撞向了运动员 Raija Ogden，使其头部受伤；在美国某连锁餐厅的产品促销活动中，《布鲁克林日报》的摄像师 Georgine Benvenuto 被一架无人机所撞，鼻尖和下巴均受伤……

随着无人机的普及，涌入该行业的人越来越多，市场上流通的无人机质量参差不齐，无人机"炸机""伤人"的事件时有发生，都在一定程度上给人身财产安全带来了威胁。

三、航空安全。

飞机的飞行速度非常快，在飞行过程中，必须要避免一切碰撞，否则，即使是一只小鸟都有可能带来机毁人亡的惨烈后果。

实验表明，一只重约 450 克的鸟，在与速度为每小时 960 千米的飞机相撞时，所产生的力高达 21.6 牛顿。如果一只重约 1800 克的鸟，在与速度为每小时 700 千米的飞机相撞时，所产生的冲击力甚至会超过一颗炮弹。

一只小鸟尚可以给飞机带来如此巨大的威胁，更何况是体积、重量和飞行速度都远大于小鸟的无人机。因此，如果不对无人机加以适当管控，很有可能给航空安全带来巨大威胁。

自 2013 年起，全球首例无人机与民航机相撞事件发生以后，此类事件层出不穷。

2014 年 3 月，美国航空一架航班的飞行员报告称，有一架未报告的无人机飞行距离自己非常近，幸运的是，其所驾驶的飞机并未因此有所损伤；2016 年 3 月，有飞行员报告，自己所驾驶的空客[1]A380 宽体客机在洛杉矶国际机场降落时，险些与一台无人机相撞；2016 年 5 月，因受无人机干扰，成都双流国际机场东跑道停航关闭 1 小时 20 分……

据相关报道，2017 年是中国无人机行业的多事之秋，全国多个机场都先后发生了无人机扰航事件：如 1 月，某市民在萧山区新街镇距机场约 8.5 公里处，空中近距离拍摄飞行中的民航客机；4 月，成都双流机场连续发生多起无人机扰航事件，导致数十个航班备降或绕行；5 月，受无人机扰航影响，昆明市长水国际机场北端多个航班就近备降到四川成都、重庆、贵州贵阳三地……短短几个月的时间，我国发生的无人机扰航事件就超过 10 起，上百个航班因此备降或返航，超过 10000 名旅客出行受到影响。

这一系列事件，引发了各大媒体对无人机的口诛笔伐。人们在对肇事者进行强烈谴责的同时，也呼吁国内尽快建立完善的无人机监管体制。

该问题也同样引起了中央、国家空管委、公安部等政府相关部门的重视，2017 年 5 月，多个与无人机监管相关的会议陆续召开，5 月 16 日，针对民用无人机，中国民用航空局航空器适航审定司发布了《民

---

[1]空客一般指空中客车公司。空中客车公司（Airbus，又称空客、空中巴士），是欧洲一家飞机制造、研发公司，1970 年 12 月成立于法国。

用无人驾驶航空器实名制登记管理规定》，要求自 2017 年 6 月 1 日起，所有质量在 250 克以上（含 250 克）的无人机均需要进行实名登记注册。随后，实名制登记系统也正式出台，这象征着我国无人机行业安全管理体系迈出了非常重要的一步。此后，一系列监管方案也随之颁布。

2017 年 8 月，民航局运输公司发布征求《民用无人驾驶航空器从事经营性飞行活动管理办法（暂行）》意见的通知，首次将无人机纳入通航领域管理范畴；2017 年 11 月，交通运输部发布了《民用航空空中交通管理规则》，明确指出民用无人驾驶器飞行活动应遵守国家相关法律法规和民航局的相关规定；2018 年 1 月，工信部装备工业司发布关于公开征求《无人驾驶航空器飞行管理暂行条例（征求意见稿）》，首次规定无人机空域的分级分类管理……

为了更好地落实无人机各项管理规定，积极填补民用无人机管理制度上的空白，辽宁省、重庆市、广东省等全国多个省市均陆续出台了相应的无人机安全管理办法，依据本地区实际情况，对民用无人机的使用与管理作出了详细规定，比如要求飞行需要提前报备，明确"禁飞区"等。据了解，这些明确规定的"禁飞区"包括机场及交通工具运行沿线、党政机关、军事管制区等重点单位，大型活动场所、公民聚居区、公园、商圈、学校等人群密集区域，几乎覆盖了城市中心的绝大部分区域。因此，很多人将这些管理法则称为"禁飞令"。

表 7-1 部分省市民用无人机管理规范示意表

发布日期	发布单位	政策名称	主要内容
2017 年 9 月	无锡市人民政府	《无锡市民用无人驾驶航空器管理办法》	除有权部门划定的可飞空域外，民用无人机飞行半径不得大于500 米，相对高度不得高于120米；民用无人机飞行半径500米内最高障碍物高于120米的，飞行高度不得超过最高障碍物上方20米。民用无人机的飞行应当服从空中交通管制，不得危及地面人员的人身和财产安全；明确禁止民用无人机飞行区域。
2017 年 9 月	辽宁省人民政府	《关于加强无人驾驶航空器管理维护公共安全的通告》	进一步明确了辽宁省的禁飞区域，并对维护公共安全和空中飞行秩序提出了明确要求；辽宁空管部门将划设一定范围的可飞空域，及时对外发布、简化报备手续，供航空爱好者升放无人机。
2017 年 12 月	重庆市人民政府	《重庆市民用无人驾驶航空器管理暂行办法》	重庆市民除在购买和使用无人机需实名登记外，未经批准，机场净空保护区域，商圈、车站、公园等区域，严禁进行无人机飞行。
2018 年 5 月	广东省人民政府	《广东省民用无人驾驶航空器治安管理办法（草案）》	各级公安机关负责本行政区域内民用无人驾驶航空器治安管理工作，县级人民政府建立群众举报民用无人驾驶航空器违法违规飞行活动奖励制度，地级以上市人民政府应当组织公安机关建设民用无人驾驶航空器治安管理系统。
2018 年 7 月	新疆维吾尔自治区	《新疆维吾尔自治区民用无人驾驶航空器安全管理规定》	民用无人机在管控区域从事植保作业的，飞行单位、人员应当提出年度空域申请，由飞行管制部门予以一次性批复；飞行作业前，按照规定向飞行管制部门报告飞行计划。

发布日期	发布单位	政策名称	主要内容
2019 年 2 月	深圳市人民政府	《深圳市民用微轻型无人机管理暂行办法》	从生产、销售管理及法律责任三方面出发，明确了企业与飞手责任、禁飞区域、飞行审批管理以及法律责任等，通过规范生产、销售和使用，预防事故、明确责任，有效引导无人机的合法飞行与合理应用。
2019 年 5 月	浙江省人民政府	《浙江省无人驾驶航空器公共安全管理规定》	明确无人驾驶航空器依照国家规定实行实名登记管理制度。公安机关协助民用航空主管部门实施无人驾驶航空器实名登记管理制度。民用航空主管部门应当为无人驾驶航空器所有者登记提供便利。同时明确，国家和省规定的关系国计民生、国家安全和公共安全的重要单位、设施、场所，禁止无人驾驶航空器在其上空飞行。
2019 年 9 月	黄山市人民政府	《黄山市民用无人驾驶航空器公共安全管理办法（征求意见稿）》	就民用无人驾驶航天器在该市范围内的生产、销售、飞行及安全管理等作出规定。
2020 年 4 月	厦门市人民政府	《厦门市民用无人驾驶航空器公共安全管理办法》	禁止民用无人驾驶航空器在关系国计民生、国家安全和公共安全的重要单位、设施、场所的上空飞行，执行公务的除外。重要单位、设施、场所的具体范围由市公安机关根据有关规定划定，并报市人民政府批准后予以公布；涉及空域管理的，还应当报飞行管制部门批准。

发布日期	发布单位	政策名称	主要内容
2020 年 4 月	海南省人民政府	《海南省民用无人机管理办法（暂行）》	民用无人机驾驶员应当具备熟练操控技能，依据《民用无人机驾驶员管理规定》须取得执照的，应当取得并随身携带执照；保证所操控的民用无人机质量合格、状况良好，不得非法改装民用无人机或者改变民用无人机出厂飞行性能设置；遵守飞行管制部门对空域管理、计划申报、飞行管制的要求；对本人的操控行为负责；禁止在服用药物、饮酒等可能影响行为能力的情形下操控民用无人机。
2020 年 5 月	上海市人民政府	《关于加强民用无人机等"低慢小"航空器安全管理的通告》	民用无人机拥有者，应当按照民用航空管理相关规定予以实名登记；其他"低慢小"航空器拥有者，应当主动配合属地公安派出所做好相关信息采集工作。在上海市行政区域内进行民用无人机等"低慢小"航空器飞行活动前，应当依法取得相应的飞行资质，遵守无线电管理、通用航空飞行申请管理、经营活动管理等有关规定，配合相关安全监管部门开展资质审定、无线电检查等工作，并可以通过本市智能无人机管理服务系统进行信息核验、飞行报告等一系列便捷操作。
2021 年 10 月	济南市人民政府	《关于加强民用无人机等"低慢小"航空器安全管理的通告（征求意见稿）》	明确提出实名登记、有飞行资质、管控区域禁飞等管控措施。

任何一个行业的健康有序发展，都离不开国家政策的保障与支持，无人机行业也不例外。发展与监管既像一个矛盾综合体，相互促进，相互依托，又像一对雌雄双胞胎，各有调性但却相互感应。作为无人机领域的领军者，大疆有责任积极拥护国家监管政策，努力发挥模范作用，引导行业走向规范化、专业化发展，尽可能将监管与发展的副作用降至最低。当然，这条路不一定是一帆风顺的，几乎每个行业在进入良性发展前，都会经历一段时间的阵痛，政策收紧后，大疆又将面临怎样的挑战？

市场萎缩，危机隐现

随着民用无人机相关监管政策的不断出台，多地均明确设立"禁飞区"，推动民用无人机行业步入了强监管阶段。一时间，消费级无人机失去了大部分飞行的"天空"，无人机的销量也因此受到了影响。而一直在消费级无人机领域充当"领跑者"角色的大疆同样深有感触。

时至今日，仍然有人将2017年"禁飞令"的出台与2016年底网约车新政相提并论。在很多人眼中，这些政策给无人机行业和共享出行行业所带来的影响是残酷的。

那么，大疆无人机的销售情况受到监管政策的冲击到底有多大呢？

大疆官方没有对外公布2018至2020年这几年的详细业绩数据，因此，外人无法得到具体答案。但是，我们还是可以从一些痕迹中窥知一二。2017年6月，在《民用无人驾驶航空器实名制登记管理规定》正式实施后不久，就有大疆公司相关人士表示大疆的中国区销量"在最近这段时间，有小幅度下滑"，据悉，这是大疆中国区销量的首次下滑；2019年，曾有媒体从大疆的代理商中得到了这样的消息："大疆无人机的销量已经由以前每个月四、五百台降至今年（2019年）的几十台"，基本处于赔本状态。

面对国内监管政策的陆续出台、监管体系的日益完善，大疆并不悲观。相反，在大疆看来，这是无人机行业发展过程中必须要经历的调整阶段。"大疆从不反对监管，恰恰相反，大疆始终积极支持科学有效的监管。"

不可否认，"黑飞""无人机扰航"事件频发，再加上监管的收紧，给大疆带来的影响是显而易见的。网上甚至一度传言，大疆将弃守中国市场，将所有业务转移到海外。很快，大疆便专门发表声明辟谣称"从未考虑过退出中国市场，现在没有，未来也不会有"。

据大疆公司副总裁邵建伙表示，自 2015 年起，大疆便开始通过各种渠道加强对无人机的安全与规范管理工作。为更好保障航空安全，不断与空管委、民航局、工信部、公安部等相关管理部门进行沟通与汇报，在此基础上，尝试了多种管理办法，并对限飞区的设计进行进一步优化与完善。作为行业的代表，大疆始终坚持履行企业社会责任，身体力行参与行业监管工作。

其实，在很早以前，大疆便注意到无人机的安全管理问题，从第一代"精灵"系列产品开始，大疆就不仅为产品配备了飞行说明书和安全飞行指引，还在自己的飞行器中内置了全球几千个机场的禁飞区数据。为了让用户对禁飞区域有更清楚的了解，2014 年底，大疆便将全球各地区的禁飞区域地图放到了自己的官方网站。同时，在产品创新的过程中，大疆也一直非常注重自身限飞区技术的提升与改进。

2015 年 12 月，在中国航空学会主办的一场遥控航空器系统安全管理平台和技术交流会上，大疆向大家介绍了遥控航空器安全管理服务系统，这是大疆自研的一套安全监管系统。从大疆的种种表现不难看出，大疆其实一直都非常希望能为促进行业规范化、健康发展贡献自己的力量。

在空域监管中，身为无人机制造商的大疆作为被监管对象，在相关政策出台后，便积极与相关部门、合作企业以及经销商展开了积极沟通，先后采取了一系列举措，比如对机场、军事等禁飞的区域进行不断更新，设定新的禁飞区域，当接近禁飞区边界时，大疆产品将会自动减速并悬停。

伴随无人机行业的崛起，大疆一直在不断对其所身处的监管和市场环境进行思考和反思。深耕无人机行业多年，在无人机安全监管领域，大疆已经拥有一套科学有效、相对成熟的方案与技术。大疆曾公开表示，愿意将自己的管理体系与政府相关监管部门及其他厂商分享。

2016 年，汪滔在接受中国企业家杂志采访时，曾预见性地表示："无人机市场即将接近饱和。"而监管政策出台，使无人机的使用场景受到极大限制，这无疑进一步加速了国内无人机市场饱和的进度。虽然大疆非常清楚，在经过快速的粗放发展阶段之后，无人机行业必将迎来强监管时代，这是行业发展和市场拓展的必经之路。但是，大疆要面对的现实问题却是一个接一个。随着无人机监管政策的不断推出，国内局势不容乐观；在媒体的不断渲染下，大多数人开始持观望态度；无人机行业的资金投入规模迅速减少；市场逐步萎缩；产业销售下滑成了不争的事实。而占据了大疆绝大部分业绩的海外市场，也同样面临着竞争对手不断增加、美国政府的制裁与打压等各种威胁。商业世界，没有永恒的第一，只有一时的成功。

经过数年的高速增长、在消费级无人机市场"一骑绝尘"的大疆，迎来了市场与政策的双重考验，并在重重挑战之下，这个无人机霸主，不得不慢下脚步，对市场境遇进行重新定位与思考。

大疆反腐风暴

"大疆是一方净土，只有纯粹的创业和为梦想而生的艺术家。"这是汪滔给新员工寄语中的一句话。这句简单话语，却透露着汪滔对大疆满满的希冀，也正是抱着这样的初心与追求，使得汪滔将大疆由三个人的团队、一间不足 20 平方米的仓库，成功带到了消费级无人机领域头把交椅的位置，汪滔是一位真正的梦想家与实干家。但是当企业市值越来越高，员工数量越来越多时，所面临的问题变得越来越复杂，有些事情的到来也就成了"情理之外、意料之中"。

2019 年 1 月 17 日，大疆内部员工收到了一则反腐公告，公告称 2018 年由于供应链贪腐，给公司带来的损失超过 10 亿元人民币，这一数字是公司 2017 年所有年终福利的两倍以上。公司当前已经查处 45 名涉及腐败和渎职行为的员工，其中，有 16 人因为问题严重已被移交司法处理，29 人被开除。公告还公布了具体被司法处理和开除的员工名单。

这则反腐公告很快便引发了热议。其实，在科技圈，反腐并不能称得上是新鲜事。美团、58 集团、今日头条、百度、京东等都曾发生过内部反腐案件，很多企业甚至还不止一次。

2016 年 11 月，京东集团就曾通过官方渠道发布《反腐内部公告》，实名公布了 10 起内部腐败案件，根据情况严重程度，对涉案员工进行了相应处理。

同样是 2016 年 11 月，百度也发生了两起内部反腐事件：前百度联盟总经理马某某因涉受贿罪被北京第一中级人民法院判处有期徒刑五年；百度副总裁李某某因与被收购公司的经济往来问题引咎辞职。

2018 年 5 月，今日头条发布内部邮件表示，对包括原火山小视频运营负责人黄某某在内的三名员工进行查处，对三人做出开除以及罚没年终绩效奖金等处理，同时，将黄某某交由警方处理。

2018 年 11 月，58 集团发布通报称，经合规监察部调查，58 同城原渠道事业部高级副总裁宋某、原渠道事业部总监郭某等人，因涉嫌受贿被查处，并移至公安机关处理。2018 年 12 月，美团点评公司发布生态反腐处罚公告，称自 2018 年 2 月起，美团调查违纪类刑事案件共 29 起，其中，被移送公安机关查处的内部员工、生态合作伙伴人员以及共犯社会人员共计 89 人……

每一则反腐公告的背后，都是公司手握重权的人在面对诱惑的时候，职业操守的逐步丧失；每一个反腐事件都是企业内部管理问题最为直接的反映。据悉，大疆此次反腐风暴的导火索来自一封匿名举报信。

2018 年 8 月，大疆科技法务部接到一封匿名举报信，信中举报了公司前员工伊某、公司采购吕某收受贿赂。针对举报，大疆展开了内部调查。通过此次调查，公司意外发现了更多隐藏的问题。经查证，此案涉及研发、采购、品控、销售、行政等多个部门。也就是说，每一个环节都可能有人利用手中的权力为自己谋取利益。甚至在大疆内部，已经形成了一条隐形的利益链条和利益共同体。

这让重视"梦想"，把"激极尽志，求真品诚"视为企业文化内核的汪滔有些无法忍受。一直以来，汪滔对于企业内部腐败都深恶痛绝。这一点，我们从他 2015 年在接受《福布斯》专访时的一段话就可以感受出来。

在汪滔看来，管理大疆采购部门是一大难题，他认为回扣是供应链中最严重的问题。"每个月我们的采购量高达数千万元人民币，就算采购人员只拿1%的回扣，仍然是一个很大的数目。"于是，大疆成立专门的反腐小组，决定深入开展企业贪腐肃清工作。在此事件中，两个关键人物到公安机关接受调查的一周后，大疆发布了反腐公告。公告中称，"腐败的范围比想象的要大得多，现在也只处理到冰山一角"。

大疆由此掀起了一场轰轰烈烈的反腐风暴。

2019年1月26日，在大疆反腐公告发布后的第十天，就有在此次反腐中被辞退员工在网上公开了一篇名为《致 Frank[1] 的一封信》。信中对此次公开的反腐名单提出了质疑，称"一部分无辜的员工上了名单，是为了给老板交差吧"。该员工表示，自己"清清白白"，公司反贪小组却在没有拿到实质证据的情况下，以工作能力为由和他解除了劳动合同。更让他没有想到的是，自己的名字居然出现在了内部公告的反腐名单上！这让该员工感到不解与气愤，并表示自己愿意接受任何形式的调查。如果清白，希望能得到公司相关人员的公开道歉！因为"已经有外部人员拿到名单了，给名单上面被冤枉的人造成了不小的伤害，不管是名誉上还是找工作的利益上，都造成了不好的影响"。该离职员工还表示，"现在的DJI早已不是当年那个纯粹的DJI，那个时候一心只想把产品做好，现在一心只想拿到年终奖早点离开"。

几天后（1月30日凌晨），大疆针对此次反腐事件发布了《大疆创新关于反对职务腐败的公开信》，表示了大疆打击职务腐败的决心，也疑似是对上述离职员工的文章做出的回应。公开信中称："一些被辞退的涉事员工自我辩白，在公司内外添油加醋地散播谣言，将负责反腐内审工作的同事描述为派系社团，掩饰甚至美化自己的工作过失

---

[1] Frank，汪滔的英文名。

与不当行为。""职务腐败的调查取证难度很大，员工失信的风险却很低。不少失信甚至贪腐人员即便被调查发现，也很少影响其更换工作，继续职业生涯；有的员工利用一家之言甚至匿名发文都很容易为企业制造巨大的舆论压力，正如大疆正在经历的一样。"就像大疆在公开信中所说，"大疆所面对的职务腐败问题并不仅仅发生在某一家企业，而是让各行各业都咬牙切齿又痛感无力"。没错，供应链腐败问题绝非大疆独有，这几乎是所有行业、特别是电子制造企业逃不开的通病，而且企业规模越大，产业链越多元化，腐败风险就越大。白手起家、一手创办大疆的汪滔，在很多人眼中是当之无愧的创业英雄。但是不可否认，工程师出身的汪滔在企业管理上经验不足。从大疆的公告来看，这条贪腐链条涉及人员之多、阶层之广，一定不是短时间内形成的，这说明在过去很长一段时间里，大疆在内部管理上都存在着较大的漏洞。

对此，曾有大疆前员工表示，汪滔特别喜欢为大疆找一些年轻、有名校背景的文科生担任管理岗位，在他们看来，这种"让外行领导内行"的行为是造成大疆内部腐败问题严重的重要原因之一。因为"外行不懂技术，内行就搞技术贪腐"。除此之外，汪滔一向非常注重产品的研发，这也是大疆取得成功的根本所在。但是在专注研发的同时，他却忽略了大疆在制度建设上的落后。

反观 BAT[1] 等巨头企业，一直非常注重内部反腐和监督机制的建立与执行。

比如百度有专门负责内部反腐、规范员工行为、强化价值观建设的"百度职业道德建设部"；阿里有负责腐败调查、预防及合规管理的"阿

---

[1] BAT，B 指百度、A 指阿里巴巴、T 指腾讯，是中国三大互联网公司百度公司（Baidu）、阿里巴巴集团（Alibaba）、腾讯公司（Tencent）首字母的缩写。

里廉正合规部"；腾讯有对腾讯员工涉嫌触犯"腾讯高压线"行为进行调查的"腾讯反舞弊调查部"……

相比之下，大疆在这一方面的确有所欠缺。不过，值得一提的是，经过此次事件，大疆已经开始注意到反腐工作的重要性，并且决定将推进廉洁作为长效的体制建设。在深圳市政协六届五次会议上，汪滔特别提交了《关于加强企业员工廉洁从业建设的提案》，呼吁企业与政府配合建立"高风险岗位从业人员的诚信档案数据库"。

同时，此次反腐事件，也在一定程度上暴露出大疆在高速成长过程中所产生的一些问题。而发现问题、解决问题是企业管理永远不变的固定流程，也是企业发展与进化的关键，从这个角度来看，这未必不是一件好事。

作为一家高科技企业，汪滔深知人才对于大疆的重要影响，而要想真正留住人才，为人才创造一个良好、公平的工作环境非常重要。贪污腐败现象不但会直接危害到企业利益，也不利于人才的培养与提升。从大疆在反腐工作上所采取的一系列措施中可以看出，汪滔对于腐败贪污"零容忍""决绝"的态度。

加速转型，多元化拓展

作为一个小众市场，无人机市场的用户容量终归是有限的。一直以来，对于消费级无人机市场容量的天花板以及自身用户增长的极限，汪滔都有着相对清醒的认知。因此，大疆从来没有因为在消费级无人机领域所取得的成就而沾沾自喜。相反，很早之前，大疆就已经尝试对现有产品增值服务的深度挖掘，尝试向工业级无人机市场迈进。

2015 年下半年，大疆行业应用部应运而生。该部门以"重塑生产力"为使命，主要致力于面向农业、公共安全、电网巡检、安防救灾、应急消防等各个行业提供专业解决方案，将无人机打造成优秀的行业。行业应用部的成立，预示着大疆正式开启了多元化拓展之路。

很快，大疆便开始了在农业领域的布局。2015 年 11 月，大疆新品发布——MG-1 农业植物保护机，这是大疆在航拍无人机之外的首款标准化无人机产品。其主要功能是智能农业喷洒防治，该款产品防尘、防水、防腐蚀，机型载重达 10 公斤，推重比[1]高达 1:2.2。具有精准作业、灵活轻便、高效环保、操作简单、环境适应能力强等特点，作业效率是人工喷洒的 40 倍以上。该款产品当时在国内处于领先水平，凭借诸多

---

[1] 推重比是飞机和航空发动机重要的技术性能指标，飞机发动机推力与发动机重力或飞机重力之比，它表示飞机发动机或飞机单位重力所产生的推力。

优势，一经推出便收到了市场的积极反馈。推出后五个月，MG-1 销量便超过 1000 台，这预示着大疆在农业领域的初步探索取得了不错的成绩。

同一年，大疆在美国硅谷的研发中心聘请了特斯拉公司自动驾驶团队负责人戴伦·里卡多担任大疆创新全球工程副总裁，苹果公司主要负责天线设计的资深工程师罗布·施拉博担任大疆创新全球研发副总裁。2016 年，大疆自动驾驶研发团队成立，这预示着大疆开始向自动驾驶发力。

2017 年极客公园创新大会上，大疆无人机智能导航技术总监杨硕发表讲话称："我们正在经历一个伟大的时代，在这个时代里，冰冷的机器人逐渐从工厂走进人们的生活，走进人们温暖的家，成为人类生活的陪伴者。而我想说的是，从无人机到机器人正是大疆的又一次创新。"这预示着大疆的业务已经从无人机向机器人领域拓展。

同时，杨硕还表示大疆创新正在尝试打造机器人教育产品。一直以来，大疆都非常重视社会科技创新力量的培养，早在 2013 年，大疆便启动教育业务，而教育机器人产品的打造，正是大疆在教育领域的一次尝试。

遗憾的是，大疆的多元化拓展之路并非像在消费级无人机领域一样顺畅。虽然 MG-1 在植物保护领域取得了初步成功，且大疆又陆续在该领域推出了众多产品，比如 2017 年，大疆发布了 MG-1S Advanced、MG-1P、MG-1P RTK 等多款植物保护无人机产品，同时推出了大疆农业服务平台、播撒系统等植物保护配套服务平台，但是大疆在该领域并没能延续自己以往所向披靡的"神话"。因为在该领域，它有一个非常强大的对手——极飞科技。早在 2013 年，极飞便开始布局农业领域。之后，更是因为认识到在消费级无人机领域很难超越大疆这个事实后，将自己的发展重心全部调整到了植物保护无人机。和大疆相比，在农业领域深耕多年的极飞对行业需求更为敏感。据相关调查显示，2018 年，极飞科技占据了农业无人机市场总份额的 53%，其行业地位可见一斑。即使在资金、资源等各方面都占据着绝对优势的大疆，也很难在短时间内将其取代。

截至 2017 年，大疆在工业级无人机其他细分领域的布局，均未取得明显效果。据数据显示，2016 年，大疆消费级无人机业务的营收为78.26 亿元，占据总营收比例的 80%；工业级无人机业务营收为 19.57亿元，占据总营收比例的 20%；2017 年，大疆消费级无人机业务的营收为 149.3 亿元，占据总营收比例的 85%；工业级无人机业务营收为26.4 亿元，占据总营收比例的 15%。从结果来看，2017 年大疆对消费级无人机业务的依赖反而较上一年有增无减。

2017-2020 年，在经历了监管政策收紧导致的无人机使用场景受限、反腐风波给企业带来的内部动荡以及新冠肺炎疫情的冲击等一系列事件后，汪滔开始意识到，消费级无人机市场的天花板已经要来了，大疆要想取得进一步发展，就必须要加快在行业市场的布局。于是，大疆积极拓展了其他领域，希望再次创下一个辉煌的未来。农业领域：2018年，大疆农业推出了 MG-1S Advanced、MG-1P 系列农业植物保护无人机、精灵 4 RTK 测绘机、农业服务平台软件以及 PC GS PRO 智能规划系统等 7 款农业植物保护新品。同时，为了帮助植物保护队跨过盈亏平衡点，大疆还创新性提出了"人、机器、商业模式"的效率提升手段；2019 年，大疆农业推出了植物保护无人机 T20；2020 年，大疆农业推出了针对北方大田市场的用户，以及面向南方小地块而设计的小机型T30 和 T10 两款植物保护无人机新品；2021 年大疆农业发布了两款全新农业无人机产品 T40 和 T20P。除了不断推出新产品外，大疆还非常注重植物保护飞防人才的扶持与培训，以助力产业升级。据大疆内部人士介绍，2019 年以后，大疆农业植物保护无人机产业已经进入良性循环阶段。

教育领域：2019 年 6 月，在历经两年多的潜心研发后，大疆推出了首款教育机器人——机甲大师 RoboMaster S1；2020 年 3 月，大疆推出了全新的 RoboMaster EP 教育拓展套装，其配套的教具、课程、教材将为专业教育机构与教师提供完整的机器人教育服务；2022 年 4 月，大疆推出了一款面向中小学的软硬件平台结合的 AI 基础教育工具——AI 人工智能教育套件。

自动驾驶领域：2018 年，大疆取得深圳特区第一批智联网汽车测试牌照；2019 年，大疆建立首个车规级智能制造中心；2021 年，大疆在上海车展上推出了自动驾驶品牌大疆车载；2022 年 9 月，全球首款搭载大疆车载的量产车型——上汽通用五菱宝骏品牌旗下"智感潮奢单品"2023 款 KiWi EV 正式发布。

除此之外，大疆还建立了应急响应机制，成立了大疆应急救援联盟；发布了全新电网应用解决方案，对大疆一系列行业应用产品进行全面整合，以满足当前电网领域企业在变电巡检、红外巡检、应急抢修等多个工作场景下的需要；面向警察、消防员、电网巡线工、护林员等发布了一系列新品；许多紧急救援现场，都能够看到大疆无人机的身影……

市场是考验企业价值的真正舞台。为应对消费级无人机市场日益饱和、增速缓慢、成长陷入困境等，自 2018 年以后，大疆便加快了在工业级无人机赛道的布局。

经过几年的探索，目前大疆在工业级无人机领域的各细分领域仍处于摸索阶段。不过，有业内人士判断，工业级无人机市场短期内并不会爆发。抢占工业级无人机市场的战争才刚刚开始，多个细分赛道都还没有定型。在这场战争中，抢占了消费无人机市场大部分份额，资金充足、技术成熟、拥有优秀研发团队及高度市场认知度的大疆，已经赢在了起跑线上。未来，汪滔要将大疆带向何方，只需拭目以待！

疫情下的风险和挑战

2020 年初，在大疆内部反腐一年后，突如其来的新冠肺炎疫情席卷全球，并且迅速从公共卫生危机演变成为全球经济危机，这在一定程度上，也给无人机行业带来了新的挑战。

2020 年 4 月，大疆传来了裁员消息。据知情人士透露，因为新冠肺炎疫情，大疆的业绩受到影响。为此，公司已经做出裁员计划。据悉，裁员比例至少 50%，部分裁员名单已定，这些员工已经不再被允许进入到办公区域。不久，针对"至少 50% 的裁员清扫计划"，大疆创新公关总监谢阗通过微博做出回应，表明裁员消息不实，属于"荒唐虚假的猜测"。大疆正处于项目冲刺期，而且正在为多个国家和地区提供无人机技术支持以对抗疫情，同时坚决维护知识产权和打击山寨侵权产品，这一切工作都需要有人去做，怎么可能裁员呢？

但据大疆一位基层员工表示，公司确实有裁员行为，但肯定不是传言中的 50%。据了解裁员主要是以销售部和市场部为主，对其他部门影响不大。而且由于公司一直在实行"末位淘汰制"，因此这种裁员很可能是公司内部的正常操作。虽然受疫情影响，大疆的业绩确实不是很理想，据他所掌握的信息，公司"2 月销售数据很难看"，但是公司并没有因此对员工采取降薪等行为。

2020 年 8 月，大疆再次陷入"裁员风波"。据路透社[1]的一篇报道称，由于新冠肺炎疫情的影响，"大疆无人机拟裁员 1.4 万名员工"。报道还称，根据记者了解到的消息，近一段时间，大疆已经对深圳总部的销售及营销团队进行了大幅缩减，由原来的 180 人降至 60 人，裁掉了整整三分之二。同样变动的，还有消费市场团队。同时，一直负责为大疆拍摄凸显产品竞争力视频的全球视频制作团队，已经从高峰期的四五十人缩减至三人。而韩国的一个 6 人营销团队，则直接被解散。

为了证实消息的准确性，该报道还援引了大疆的一位发言人的一段话作为佐证。据悉，该发言人曾经表示，在经历多年的强劲增长后，当前大疆的结构正变得难以管理，为了确保公司能够在充满挑战的时期也可以完成业务目标，"我们必须做出一些艰难的决定"。

但很快，大疆发言证实这一切只是源于路透社单方面的猜想。谢阗在朋友圈表示："8 月 15 日路透社报道美国政府封杀阿里巴巴，几个小时后路透社宣布这是一条假新闻。考虑到大疆总共 14000 人，按路透社的说法这公司都没人了，我建议让子弹飞一会儿。"

虽然大规模"裁员"一事再次被证明为不实信息，但是短时间内屡次被爆裁员透露出的是大众对于大疆的担忧，而这种担忧也不是空穴来风。

首先，受新冠肺炎疫情影响，投资者信心受挫，这导致了国内许多家"独角兽"企业都面临估值下跌的尴尬境地，大疆创新也不例外，其估值自 2018 年融资后，也出现了首次下跌。同时，新冠肺炎疫情给全球经济带来了极大的冲击，人们消费水平也随之降低，作为非刚需品，

---

[1] 路透社（Reuters，LSE：RTR，NASDAQ：RTRSY）是世界上最早创办的通讯社之一，也是英国最大的通讯社和西方四大通讯社之一。路透社是世界前三大多媒体新闻通讯社，提供各类新闻和金融数据，在 128 个国家运行。

人们在无人机上的消费自然有所压缩。

其次，从大疆的业务分配上来看，海外市场一直是大疆的主要目标。大疆的海外业务占比超过 80%，受新冠肺炎疫情影响，大疆不得不面对由于货机运力短缺而导致的运费成本飙升以及运输延误等问题。特别是北美市场，除了受疫情影响，大疆还必须要考虑中美贸易摩擦、美国对大疆的制裁与打压等诸多影响。

再次，从消费上来看，大疆无人机对线下销售依赖较大。而在新冠肺炎疫情影响下，人们出门聚集、逛商场的频率大幅降低，这给大疆的销售带来了很大影响。从应用上来看，大疆无人机主打的"航拍"功能，通常会在旅游、户外等场景下使用。新冠肺炎疫情期间，伴随人们出门频率的降低，大疆产品的使用率自然也会随之下滑。

最后，消费级无人机市场经历了高速发展阶段后，已经开始逐步呈现出稳定发展态势，市场开始趋于饱和，竞争越来越大。而刚刚经历过急速扩张期的大疆，还要面对制度管理、团队建设等一系列问题。

总之，疫情之下的大疆，可以说是内忧外患。在这样的状况下，作为企业减负最立竿见影的方式，裁员降薪就成了大疆的最佳选择。基于此，我们也就不难理解为什么"江湖上"时不时就会有"大疆裁员"的传闻了。

当然，特殊时期下，面对诸多挑战，大疆并没有坐以待毙。据知情人士透露，为了尽可能减少支出，压缩成本，大疆采取了将少量研发任务外包等举措。而在产品的研发与生产上，大疆也做出了相应的调整。在砍掉了部分消费级产品的生产计划的同时，也增加了一些行业无人机的生产量，并积极投入到抗疫工作中，在紧急物资配送、无接触测温、公共环境消杀、公共秩序维护（喊话、巡逻）等方面提供助力，极大地缓解了志愿者人手不足的状况。伴随国内疫情的放缓，大疆工厂迅速恢复生产，同时，面临复杂的外部环境变化与挑战，大疆对内部组织结构进行了相应的调整。

和新冠肺炎疫情所带来的影响相比，大疆更注重对无人机行业未来发展方向的思考。

随着科学技术的不断进步，产业链的日趋完善，无人机的制造成本也呈现出明显的下降趋势。对此，有人预言，终有一日，无人机也会像智能手机和电脑一样普及。

早在2016年，汪滔在接受中国企业家杂志采访中表示，消费级无人机是一个小众市场，其市场规模和发展空间本身就十分有限，大疆的收入达到200亿元也就到顶了，但这个收入很难撑起大疆100亿美元的估值。对于大疆而言，快速找到消费级无人机市场外的第二条赛道，以实现对边界的不断扩展，才是最重要的问题。

第八章

开放创新：在变革中塑造未来

　　大疆创新成立不到 10 年，便成功跻身行业领头羊地位，且无论市场竞争如何惨烈，也从未被超越，大疆为什么能一直领先？答案在于"创新"二字，这是大疆发展的核心和内在驱动力。可以毫不夸张地说，是大疆开启了消费级无人机的市场，真正做到了从"0"到"1"的原始创新。之后，每一次的产品迭代，每一个新业务线的展开，大疆每一次的前行都离不开创新的力量！

机器人大赛：塑造科技界"全民偶像"

作为全球领先的无人飞行器控制系统及无人机解决方案的研发和生产商，中国高科技制造业的名片，大疆极致的产品创新精神一直被人们津津乐道。高质量、高水平、具有颠覆性创新价值的产品是大疆最为明显的标签，甚至有人将之称为大疆"成功的基因"。产品的背后是人才，科技史告诉我们，要想走在科技创新的前沿，就必须要拥有一流的创新人才。对人才的运用与管理是大疆始终保持创新活力的非常重要的一个秘诀。一个企业，如果没有人才优势，就没有核心竞争力。

大学期间参加亚太大学生机器人大赛的经历，让汪滔对机器人这种高科技赛事的意义有着更为深刻的认知。一方面，大赛能够有效提升参赛者学习、实践和创新能力，这种以赛代练的方式也能够有效激发人们的学习兴趣，并且在实践中检验到个人的不足；另一方面，大赛也是寻找、挖掘和培养人才的一个重要渠道。在接受媒体采访时，汪滔坦言，参加亚太大学生机器人大赛对他产生了"最深远的影响"。

事实上，早在 2012 年，大疆便以出资支持高校代表队的方式，为亚太大学生机器人大赛贡献了自己的力量，之后也曾尝试以资助的方式对比赛表示支持。

汪滔曾经在某次采访中说："如今这个时代明星随处可见，但是却找不到一个可以将工程师和发明家也打造成明星的智力竞技运动。"

彼时，中国缺乏属于自己的全球性机器人赛事。即使是在国内高校具有一定影响力的亚太大学生机器人比赛，体量也是远远不够。且每年主题都在变。他希望能在国内打造一个"像 F1 方程式大赛或者世界杯一样的顶级赛事，让工程师和发明家成为万众瞩目的明星"，而且比赛要具有较强的观赏性和竞技性。

2015 年，大疆创新携手团中央、全国学联以及深圳市人民政府联合举办了首届 RoboMaster 机甲大师赛。

在比赛的设计上，汪滔提出了很多创意性想法。整个比赛过程和其他机器人大赛不同，RoboMaster 机甲大师赛的都采取了游戏式的方式，参赛机器人由参赛队伍自行设计，比赛现场被布置成了战场，并设置了很多复杂的地形和机关，需要各种机器人相互配合作战。这种有趣的比赛形式吸引了众多高校学生争相报名，报名队伍多达 240 余支。经筛选，最终参赛队伍数量为 111 支。

据相关调研报告显示，亚太大学生机器人比赛，国内选拔赛早期参赛队伍基本在 40 支左右，而 2014 年只有 29 支。相比之下，2014 年，越南、印尼的亚太大学生机器人选拔赛参赛队伍数量分别为 300 多支和 100 多支队，日本的相扑机器人比赛，参赛队伍更是突破了 3000 支。

在此后的几年时间里，RoboMaster 机甲大师赛每年一届，每届都会有一些新的变动，比如 2016 年，大赛增加了许多新的战场元素，对机器人技术也有了更高的要求；2017 年，根据比赛形式和要求，大赛被分为了两个赛事：机器人对抗赛和技术挑战赛……

值得一提的是，从 2017 年开始，大疆赛事逐渐开始尝试"下沉"，新增了高中生训练营。

2019 年，RoboMaster 首次举办了面向青少年的"大疆 RoboMaster2019 年澳门青少年机器人大赛"。和大学赛事侧重对选手的技术考察不同，青少年大赛更关注的是选手的机械结构设计和创造力。对此，比赛赛制和难度均做出了相应的调整，大赛负责人表示，大疆有意将该赛打造成青少年机器人大赛的蓝本。

2020 年 3 月，在大疆教育机器人 RoboMaster EP 的发布会上，大疆正式推出了 RobMaster 青少年挑战赛。比赛在延续以往形式的基础上，综合考虑 RobMaster EP 产品以及青少年的实际情况，做出了相应优化。这一举动，代表着大疆初步完成了从大学生到青少年的教育纵向布局。

自 2015 年开始，在 RoboMaster 大赛上，大疆便投入了大量的资金和精力，而这些投入远远超出大赛门票、广告等收入。据相关数据显示，每年数千名参赛者中大约只有 20 余人最终进入大疆工作。所以，大赛也不能称是大疆为自己选拔人才的一个渠道。因此，在很多人看来，RoboMaste 对于大疆而言就是一个"赔本"生意。

但在汪滔看来，这个项目本身就不能单纯用财务逻辑来推演，作为全球首个工程技术和观赏价值相结合的机器人赛事，Robomaster 机甲大师赛承载着汪滔很多的情怀和梦想，他希望大赛"能塑造姚明、刘翔这样的全民偶像，更能产生乔布斯这样受人尊敬的发明家和企业家"。

人才是产业发展的基石，汪滔希望借助大赛为中国制造业挖掘培养更多优秀的人才。因为有时候，一个优秀顶尖的人才甚至可以轻松搞定一个非常重要的产品线。"从这个意义上说，在这个比赛上投进去几千万是很值得的。我希望可以有更多企业直接参与到这样的创新人才的培养中，真正以创新实践推动教育变革，大大提高我国科技创新技术人才、管理人才的浓度，为双创添砖加瓦。"汪滔如是说。

追风口不如进"窄门"

小米创始人雷军[1]有一句名言："站在风口上，猪都可以飞起来。"意思是找准时机，顺势而为，成功就是一件自然而然的事。这句话一度被许多创业者奉为经典。一时间，"风口"成了一个热词，无数创业者将"风口"看作了成功秘诀，所有人都希望自己能成为风口上的那头"猪"。

几年后，又一位知名企业家说："风过去了，摔死的都是猪。"因为这些被风吹起来的猪，并没有长出自己的翅膀。一语惊醒梦中人！回望那些曾经的"风口"，O2O、共享经济、新零售、网络直播等，每一次"风口"狂潮过后，整个行业尸横遍野，所以追风口的创业，其实具有很大的风险。

对于"风口"，汪滔有自己的理解，汪滔曾经在公开演讲中，表示创业要"进窄门"，要耐得住寂寞，"赶风口"是对创新最大的误解。汪滔说："有个说法叫'进窄门'，引向失败的门是宽的，进去的人也多；引向成功的门是窄的，找到的人也少。"简单说，就是成功只属于极少数人，所以不要轻易去做追逐风口的猪。千军万马挤独木桥，

---

[1]雷军，全国工商联副主席，小米科技创始人。中国大陆著名天使投资人。

失败一定是大概率的。如果大街上所有人都在眉飞色舞地讨论买房秘诀，这时再进行房产投资绝对不是一件明智的事情。

其实，"追风口"的本质是要学会借力、顺势而为，以达到"好风凭借力，送我上青云"的目标。这种做法本身并没有问题，但是在实际应用过程中，很多人将其理解为走捷径、追求快速成功。而为了达到这个目的，他们"找关系、炒概念、赚快钱"，这些做法看起来"门"很宽、路很大，但从长远来看，它对企业的发展非常不利，甚至还会严重破坏创业环境。

汪滔所说的"窄门"，指的是找一个大多数企业还没有注意到或者看不上的、竞争较少的细分领域。十几年前，汪滔在大学宿舍创办大疆时，无人机还是一个几乎无人问津的冷门行业，和"风口"毫不相干，但这并不妨碍汪滔对它的执着。这么多年来，汪滔心中一直有非常明确的目标，他知道自己想要什么，在做什么，从来没有"跟风买入"。因为他清楚地知道，很多时候，与其费心费力去追寻永远都在变化，而且变化速度非常快的"风口"，还不如换个方向，找到一个还没有被突破、仍需培育的，且自己比较喜欢或擅长的"窄门"，然后不断钻研与突破，去创造"不可能"。

在大疆出现之前，创造一款颠覆性的科技产品，对中国企业而言，几乎是一件不可能的事情。但是大疆却在消费级无人机领域创下了令人瞩目的成就，不仅占据第一的位置，还有着无可抗衡的垄断地位，成为被追赶的企业。

回顾大疆的创办历程，汪滔认为他们做的事情非常单纯，"就是埋头苦干，一门心思做出卓越的产品，踏踏实实地创造社会价值"。在汪滔看来，大疆成功的秘诀就在于耐得住寂寞，把所有心思都放在了产品的打磨上，一步一个脚印，踏踏实实地努力，为社会创造价值。这个过程虽然很艰难，但事实证明，这个选择是正确的。

伟大，都是慢慢熬出来的。对大疆而言，追赶风口，依靠风起飞，远不如自我修炼，提升自己，让自己长出翅膀去飞翔来得更踏实、可靠！

"进窄门"的真谛就在于打破固有思维，选择一条富于创新且无人敢走的路，然后坚定地走下去，追求卓越，永葆活力。就如大疆一样，多年来始终坚持创新研发，不厌其烦、日复一日地打磨产品，最终得以翻过了一座又一座山，跨过了一道又一道坎。

中国制造，创新才是关键

中国近几十年所取得的伟大成就告诉我们，科技创新是强国之本，要想打赢未来战争，就必须学会向科技创新要战斗力。

当前，中国制造业转型升级正处在爬坡过坎的关键时期，创新是我们面临的最大问题之一，传统生产模式的改变需要创新赋能。

一直以来，中国之所以很少创造出在世界上具有一定影响力的科技产品，主要原因在于国内企业大多更习惯于做模仿者、跟随者，缺少创新力。中国制造要想走向世界，得到世界的认可，就必须要以企业为主导，充分进行自主创新。

创新是引领发展的第一动力，国家如此，企业特别是高科技企业，同样如是。大疆无人机之所以能成功走出国门、称霸全球，成为"中国制造"的代言人，是因为一直在用一流的产品对"中国制造"的内涵进行重塑，改变了以往"中国制造"在大众心中"低端"和"代工"的认知。在"大众创业、万众创新"的时代背景下，大疆的成长故事极具代表性，值得众多创业者和创业企业借鉴学习。

对一家科技型企业而言，坚持技术上创新与研发非常重要。在这一点上，汪滔有着非常清楚的认知。自成立以来，大疆一直坚持以"THE FUTURE OF POSSIBLE（未来无所不能）"为主旨，追求技术创新。其所申请的专利数量一直排在行业前列。作为全球消费级无人机市场的开创者，大疆的创新精神是刻在骨子里的。

大疆成立 16 年以来，一直都在创新的路上飞奔。其产品不断推陈出新，客户遍布全球上百个国家和地区。2017 年，《麻省理工科技评论》[1]曾经评选出了 2017 年"全球最聪明的 50 家公司"，大疆的名字赫然在列。不断创新，永远追求以技术积累和思维创新打破壁垒，永远追求卓越，这是大疆能走在全球无人机行业前列的根本。从最初的直升机飞控系统，到多旋翼飞控产品，到禅思云台，到"大疆精灵"系列产品的诞生，大疆成长的每一步，都坚持创新和原创理念，其所创新研发的多项技术和产品，都填补了无人机行业的空白。

其次，大疆的创新能力还体现在产品、制造、零售以及用户体验等各个层面。依靠在研发上的大规模投入，大疆先后推出了 GPS 技术、首款 2.4G 全高清数字图像传输系统——Lightbridge 传输系统、自诊断软件等；在"大疆精灵"系列产品的打磨上，大疆更是对自己严格到"苛刻"的地步。从精灵 Phantom 1 到精灵 Phantom 4 Pro，大疆一直在不断实现对产品技术、质量、功能等方面的改进与升级。即使是在最困难的时期，汪滔也绝不允许大疆降低对产品的要求。

汪滔曾经说过："不管是生产 50 台产品，还是 5 万台产品，我们已经不习惯去做一个二流产品。"在精灵 Phantom 1 中，为了能提升用户操控无人机的精准性，大疆创新地在产品中内置了 GPS 系统；而在随后推出的精灵 Phantom 2 系列产品中，大疆先增加了产品的续航里程和电池寿命，后来又在新品中分别增加了可支持 5 公里外高清图像实时传输的 Lightbridge 1 附加组件，匹配了三轴云台系统，以解决航拍影

---

[1]《麻省理工科技评论》（MIT Technology Review）是由麻省理工学院全资拥有的杂志，依托麻省理工学院的学术和产业资源，创刊于 1899 年，是世界上最古老的技术杂志及影响力最大的科技商业化智库之一。

像的不流畅和不稳定的问题；在精灵 Phantom 3 系列产品中，大疆将其内置 GPS 系统与俄罗斯格洛纳斯卫星导航系统集成，并附带推出了 DJI Go 应用程序；在精灵 Phantom 4 系列产品中，大疆配备了全新设计的云台装置……

总之，大疆的产品升级过程，其实就是一个不断自己推翻自己，完善自己的过程，这可能是大疆一直在无人机领域占据绝对优势的一个重要因素。

而当大疆意识到消费级无人机的市场规模很快就要接近天花板时，又迅速将目光对准工业级无人机。值得一提的是，在向工业级无人机布局的过程中，大疆依然注重创新，将自身在消费级无人机领域所取得的一些关键性技术突破，巧妙地融合到了工业级无人机中，在满足各行业基本作业需求的基础上，有效提升了各行业运作方式的高度。

大疆的成长，是一个少年成功追梦的故事，是一个兴趣成就事业的故事，也是一个创新引领产业腾飞的故事。大疆的成功告诉我们，创新能力是企业不断发展的原动力，是一个企业源源不断的生命源泉，只要坚持创新引领，我国无人机技术就能从默默无闻发展到一个令人惊叹的高度。从某种程度上说，我们可以将大疆的成功，看作是我国制造业转型升级过程的一个缩影，从"制造"到"智造"，我国制造行业正在迈向一条高质量发展之路。而在这个过程中，科技创新担当着重要的任务和使命。

无人机未来发展趋势

自 2022 年 2 月 4 日俄乌冲突全面爆发以来，战场上的局势变化就一直备受全球关注。2022 年 8 月，俄驻华大使馆在社交媒体上发布了俄罗斯前总参谋长巴鲁耶夫斯基将军对大疆四旋翼无人机的高度评价，他说，"中国制造的普通商用四旋翼无人机给传统身管火炮和火箭炮的应用带来了一场真正的革命"，"原则上已成为现代战争的真正象征"。这一评价，使大疆迅速引爆了国际舆论。很快，大疆便发表回应表示"大疆所有产品均为民用目的设计"，"不适合也不满足军事用途需求"，"不支持一切军事领域的应用"。

事实上，这已经不是大疆第一次被卷入到俄乌冲突之中了。早在 3 月份，俄乌冲突爆发仅一个月时，乌克兰政府副总理兼数字化转型部部长米哈伊洛·费多罗夫就曾在社交媒体上公开指责大疆对俄提供技术支持，他认为大疆对俄罗斯方面开放了"云哨 (AeroScope)"功能，这使俄方使用大疆产品来为导弹提供引导，但是乌克兰的无人机却并不具备该功能。乌克兰认为大疆的这种"双标"行为，可能会在一定程度上给俄乌冲突局势带来一定影响。

这个给乌克兰军方带来如此顾忌的"云哨 (AeroScope)"系统，其实就是大疆所推出的一款接收器，能够接收一定范围内大疆无人机广播的信号，通过这些信号可以对无人机及其操纵者的位置进行快速定位。简单来说，就是只要你一使用无人机，你的位置和无人机的位置就都有可能被外界所掌控。大疆推出"云哨（AeroScope）"的目的是能让监管方及时发现并处理一些有可能危害公共安全的无人机及操纵者，但不可否认，这种方式确实存在泄露隐私的风险。如果用于军事，俄罗斯军方就可以通过该系统迅速确定附近乌克兰操作手的位置。

针对乌克兰方面的指责与要求，大疆也随之做出了回应，强调大疆的产品并不适用于军事用途。而针对"云哨（AeroScope）"功能不对乌开放的问题，大疆发言人亚当·李思博格表示，该系统确实在乌克兰发生了相应的接收器故障，但这并非大疆主动切断。随后，为了确保自身产品不被应用到战场中，大疆还逐步暂停了在俄罗斯和乌克兰市场的相关业务活动。

被卷入俄乌冲突，对于大疆而言可能有些始料未及。虽然大疆反复声明，自己的产品研发目的从未考虑被用于战争，是完完全全的民用。但是，很多民用无人机被俄乌双方大规模应用到战场中却是一个不争的事实。一时间，"民用无人机军用化"引发了广泛讨论，民用无人机未来的发展趋势也成了众人关注的一个问题。

其实，自2012年起，无人机开始逐渐进入大众视野，该行业高速的发展，也成功孵化培育了一批潜力企业，其中，大疆更是以黑马姿态成长为了行业"独角兽"。随着技术的逐渐成熟和完善，无人机的用途和种类也变得愈加广泛和复杂。根据整体用途，我们可以将无人机主要分为两种类型：军用无人机和民用无人机。其中，军用无人机可以根据其具体用途再进一步划分，比如侦察无人机、通信中继无人机等；民用无人机也可以进一步分为消费级无人机和工业级无人机两类。消费级无人机是指用来消费、娱乐的无人机，其最主要的功能是航天摄影；工业级无人机则指的是被用于农林植保、物流等行业的无人机。

得益于政策的支持及行业的发展，中国民用无人机虽然起步较晚，但是发展迅速。据相关数据显示，截至 2021 年底，中国无人机企业已经超过 1.2 万家，行业总产值达到 870 亿元。可以预见的是，未来，大疆主要依赖的消费级无人机市场将日益饱和，而工业级无人机市场则极具发展空间。据中研普华研究院《2022-2027 年中国工业级无人机行业市场深度调研及投资策略预测报告》预测，2025 年，我国工业级无人机市场规模将达到 2500 亿元。市场发展前景广阔，正逐步成为大疆发力的重点。

总体来看，在当前形势下，民用无人机的发展机遇主要来自以下几个方面。

国家政策支持。在科技强国的时代背景下，我国民用无人机行业的发展，得到了国家产业政策的大力支持。针对该行业，中国政府先后出台了《关于促进和规范民用无人机制造业发展的指导意见》《民用无人驾驶航空试验基地（试验区）建设工作指引》《推动民航新型基础设施建设五年行动方案》等一系列法律法规，为行业发展指明方向。2022 年 1 月，民航局发布了《"十四五"民用航空发展规划》，明确指出要大力引导无人机创新发展，积极拓展服务领域，鼓励无人机应用拓展。

监管体系建设逐渐完善。行业的健康有序发展，完善的监管体系至关重要，为了加强对无人机行业的监管工作，推动行业向规范化发展，中国政府相继出台了多项相关政策。未来，中国的无人机监管体系将逐渐建立和完善。

应用场景趋向细分多元化。随着科技的进步，无人机在向着专业化、先进化的方向发展，应用领域也随之逐步拓宽，未来，无人机将会被应用到抢险救灾、物流、高空气象探测、电力巡检、安保巡逻等越来越多的工作场景中。除此之外，伴随消费的不断升级，新的市场需求也将不断产生，因此，无人机的应用场景也将会随之被进一步细分，越来越多细分领域的专业无人机也将应运而生。大疆创新高级解决方案工程师魏德志曾在接受媒体采访时表示："大疆的整体趋势也正是将行业应用的无人机做得越来越小型化、便携化、智能化。"

机遇与挑战总是并存。我国民用无人机在迎来政策利好、应用场景多元化等发展空间时，也面临着一些挑战。应用场景的多元化，必将带动产品的多元化，这就需要无人机制造企业能根据多元化现实需求，及时地对产品进行迭代，不断加大研发投入，以创新抢占市场先机。同时，由于我国民用无人机，特别是工业级无人机起步较晚，当前仍然处于探索阶段，市场上还未出现可以学习和借鉴的对象。

路漫漫其修远兮，吾将上下而求索[1]。要想在工业级无人机市场站稳脚跟，一直坚信"未来无所不能"的大疆还有很长的一段路要走。

---

[1] "路漫漫其修远兮，吾将上下而求索"，出自中国战国时期诗人屈原创作的诗篇《离骚》，意思是在追求真理方面，前方的道路还很漫长，但我将百折不挠、不遗余力地去追求和探索。

第九章

"科技狂人"汪滔

　　在汪滔的身上有很多标签：科技狂人、追求完美的偏执狂、不招人待见的完美主义者、中国版乔布斯……他视技术为生命，几年时间里，由一名成绩一般的学生成长为一个企业管理者，凭借极致的产品精神和持续不懈的创新，对中国制造进行了重新定义。

我是做产品的人

汪滔曾经在采访中公开表示："我是做产品的人，我只想把产品做好，让更多人来使用。"在很多人眼中，汪滔是一个不折不扣的完美主义者。他对大疆的产品有着极为苛刻的要求，甚至连颗螺丝钉的松紧程度，都提出了明确的要求。

信息大爆炸的时代，营销的作用愈加凸显，越来越多的企业加大了在营销特别是互联网营销领域的投入，各种各样的营销策略层出不穷，甚至很多人将营销视为企业发展的核心。对此，汪滔却不以为然。在汪滔看来，大疆所取得的成绩并不能代表某种商业模式的成功，任何一家企业想取得持续的增长，都必须要沉下心来打磨产品，对于科技企业而言，这一点尤为重要。纵观大疆的发展史，我们不难发现，成立十几年来，大疆始终只坚持做了一件事——坚持技术创新，坚持将产品做到极致！

当前，我国企业正处于由中国制造迈向中国创造的重要转型时期，在这一阶段，企业的核心竞争力愈发向产品力倾斜，在抢占用户心智的战役中，产品本身的差异化开始占据越来越重要的作用。产品是一切营销的基础，真正成功的营销一定建立在优质产品上，如果产品不能精准地抓住客户痛点，持续满足消费者的需求，再高级的营销也只能是徒劳，这也是为什么很多网红品牌都只是"昙花一现"的原因。

很多人说，汪滔很幸运，大疆只用了几年时间就做到了世界第一，令所有竞争对手望尘莫及。实际上，大疆的成功绝非偶然，而在于其多年如一日的"苦练内功"。在大疆，汪滔有两个非常重要的身份，一个是 CEO(Chief Executive Officer，首席执行官)，另一个是 CTO(Chief Technology Officer，首席技术官)。从大疆所取得的成绩看，其领导者汪滔无疑是成功的，但作为 CTO，汪滔是圈内公认的技术"狂魔"。

对于科技企业而言，核心技术就是企业的命脉。在汪滔看来，中国手机产业的本质就是小家电，关键零部件都需要依靠从国外进口，缺少核心技术，简单说，就是"没有自己的东西"。从这个角度来看，手机行业的门槛还不如空调。自大疆诞生之日起，汪滔便非常注重技术的研发与创新。截至 2022 年 9 月，大疆累计申请的专利数量已经超过 7000 条，在消费级无人机领域处于绝对领先地位。大疆所有的核心技术，几乎都是由企业自主研发而成，而这正是大疆的底气所在，所以，在遭遇美国经济霸权的强势打压和封杀后，华为、中兴等企业都受到了极大的影响，但大疆却毫不畏惧，甚至还做出了涨价还击的决定。

汪滔非常清楚，任何时候产品的品质都应该放在首位，这是企业占领市场的关键。因此，大疆一直非常注重在产品研发领域的投入，这使大疆一跃成为了消费级无人机领域"领跑者"的角色。随着消费级无人机市场的打开，无人机的需求呈现出明显的增长趋势，销售价格也在逐步降低，但是汪滔却并不允许产品的质量因此而大打折扣，他认为，"消费级并不意味着价格低廉、品质粗糙，相反是既便宜又绝对好"。

除了产品品质，汪滔还非常注重产品的创新速度，在短短几年的时间里，大疆的产品便实现了十多次的更新换代，产品功能也一直在不断地完善，这也是让消费者对大疆产品保持长久新鲜感和依赖性的秘诀。

在这个讲求速度的现代社会中，汪滔和他的大疆并没有盲目求快，而是沉下心来踏踏实实做好产品。对于一度掀起热潮、备受追捧的互联网，汪滔表现出异常理智的一面，他认为对于大疆这样的公司而言，互联网只能算是工具，技术和产品才是企业发展的核心竞争力。

成功没有捷径可走，技术研发注定是一条充满艰辛与坎坷的道路。因为儿时的梦想，汪滔毅然决然地踏入了无人机领域。缺少资金、初始团队解散……面对种种困难，汪滔从来没有放弃过对产品和技术的研发，经过数年的刻苦钻研和潜心"修炼"后，大疆这家来自深圳本土的无人机制造厂商，终于开始在市场中崭露头角。

不过，对于当前的成绩，汪滔并没有因此而沾沾自喜，深耕无人机行业多年的他明白，随着消费级无人机的普及，人们的需求变得愈加多样化，大疆面临着严峻的挑战，甚至一不留神，就有可能被别人"超越"。对此，大疆一方面不断坚持技术创新、打磨产品，另一方面在尝试扩大应用边界，探索多个垂直领域。

汪滔曾说过，"大疆的成功，源自于始终专注于产品的态度"。对痴迷于技术研发的汪滔而言，研发从来都不是一件苦差事，在他看来，"攻克一个个技术难题所带来的快乐，是那些山寨者难以体会到的"。

只带脑子，不带情绪

不得不说，汪滔是一个非常低调的人，身为大疆的首席执行官和首席技术官，他很少出现在公众面前。2015 年 4 月，在"大疆精灵 3"的发布会上，人们并没有看到汪滔的身影，事后，一度有传闻称汪滔之所以没有出席该发布会，原因在于"这款产品并不像想象的那么完美"。事实上，不止"精灵 3"，从精灵系列到手持云台相机 Osmo，再到农林植保无人机，汪滔毫无例外地缺席了大疆的每一场重要的产品发布会，甚至就连他的照片，都不被允许出现在大疆的产品新闻中。

不仅很少出席在公开场合露面，汪滔接受媒体采访的次数也是屈指可数。网络上可以搜索到的汪滔照片资源非常有限，大众对他的外貌印象，通常还停留在很久以前几次罕见的采访中媒体对他的描述和为数不多的几张公开照片：黑框眼镜、鸭舌帽、一小撮胡须似乎成了他的典型代表。大疆唯一一次以官方通稿形式发布汪滔新闻是在 2018 年，为表彰大疆创新"为民用无人机的发展及商业化、航空影像技术及机器人技术的进步所做出的杰出贡献"，汪滔和其导师李泽湘教授被国际电气和电子工程师协会（IEEE）[1]授予了"2019 IEEE 机器人与自动化大奖（IEEE Robotics and Automation Award）"。

比起企业家，汪滔似乎更愿意接受"工程师""技术工作者"的身份定位。在他心中，技术和产品才是大疆的核心价值，相比他个人，他希望大家把更多的注意力放到大疆的产品中，产品中蕴藏着他想要表达的一切，而这些远比对自己个人故事以及产品研发时的心路历程更有价值。

相比追寻所谓的风口、新鲜事物和别具一格的宣传方式，汪滔更倾向于将时间与资源用到产品的打造上，不遗余力地将产品做到尽可能的完美。在许多人眼中，汪滔是一个不折不扣的工作狂魔，他常常工作到凌晨，平均每周工作时间超过 80 个小时，为了方便休息，甚至专门在自己办公桌的附近搭建了一张单人床。

在汪滔的办公室门上，写着这样八个大字——只带脑子，不带情绪。这是汪滔专门用来激励自己和员工的，这句话表达的意思非常简单：静下心来踏实做事，不要把时间都放在处理自己的情绪上。与其被自己的情绪所奴役，不如学会接纳、掌控自己的情绪，努力将工作做到极致。

和汪滔有相似看法的，还有米未传媒创始人、著名主持人马东[2]。马东曾经在接受媒体采访时表达了自己在招聘员工和实习生时，非常看重的一个细节——是否有"事在人先"的意识。即在工作时，能不能做到专注于工作本身，不掺杂任何个人情绪，把工作的事情永

---

[1] 电气与电子工程师协会（Institute of Electrical and Electronics Engineers），简称 IEEE，总部位于美国纽约，是一个国际性的电子技术与信息科学工程师的协会，也是全球最大的非营利性专业技术学会。

[2] 马东，1968 年 12 月 25 日出生，毕业于北京电影学院，米未创始人、CEO、制作人、主持人。

远放到个人情绪前面。

当然，对于这一点，也有很多人持不同观点。在这些人眼中，这种"只带脑子，不带情绪"及"事在人先"的要求有些"不近人情"，毕竟人是情感动物，不是冷冰冰的干活机器，怎么可能做到毫无情绪的去工作呢？

有人说，不把情绪带到工作中，是成年人最大的自觉。

从个人角度而言，很多时候，在工作中，影响一个人进步的，并不单纯是个人能力，也包括情绪控制能力。日本著名实业家、企业家稻盛和夫[1]曾经说过："成功不要无谓的情绪。"工作就是工作，切忌与个人情绪混为一谈。从本质上讲，"事在人先"是所有职场人的一门必修课。现代成功学奠基人奥里森·马登在《一生的资本》中写过这样一段话："任何时候，一个人都不应该做自己情绪的奴隶，不应该使一切行动都受制于自己的情绪，而应该反过来控制情绪。"

从团队角度而言，团队合作能否取得成功，很大程度上取决于团队内部之间的关系。如果团队成员带着情绪工作，很有可能带来一些无可挽回的后果。汪滔第一次意识到这一点，是在大二参加"亚太大学生机器人大赛（中国赛区）"时，当时汪滔所在的团队，队员综合实力很强，几乎每个人都有自己的专长，本来非常有希望可以在比赛中取得好成绩。但是由于当时的汪滔并不懂得团队管理，没能妥善发现并解决团队成员的情绪问题，结果在比赛现场，一位负责给机器人充电的队员

---

[1] 稻盛和夫（1932年1月21日-2022年8月24日），出生于日本鹿儿岛县鹿儿岛市，鹿儿岛大学工学部毕业。日本著名实业家。27岁创办京都陶瓷株式会社（现名京瓷 Kyocera），52岁创办第二电信（原名 DDI，现名 KDDI，在日本为仅次于 NTT 的第二大通信公司），这两家公司又都在他的有生之年进入世界500强。

觉得自己被轻视了，因而将不良情绪带到了工作中，机器人充电工作没有做到位，导致机器人动力不足，从而给比赛结果带来了一定影响，在本次比赛中，汪滔团队并没有取得任何名次。

正是这一次经历，让汪滔意识到了情绪管理的重要性。于是，第二年再次带队参赛时，汪滔非常关注团队成员的情绪，发现问题及时沟通解决，成功打造出了一支非常具有向心力、合作精神的队伍，最终，他们成功取得了中国香港冠军，以及亚太区并列第三的优异成绩。

所以，对于团队领导者而言，不仅要自己能够做到"只带脑子，不带情绪"，还要意识到团队中整体氛围的重要性，要能够及时发现并处理一些不和谐因素的诱因，引导团队成员合理疏散情绪。从团队管理层面来看，"只带脑子，不带情绪"以及"事在人先"的管理方式与"对事不对人"有类似之处。在进行团队管理时，管理者应该从事件本身出发，去探索最为合理的处理方式，要排除一些针对员工个人的看法和偏见，做到"对人无成见，对事有是非"。

技术的研发需要足够的投入与细心，越是技术性高的工作，就越需要做到心无杂念，潜心钻研。将"只带脑子，不带情绪"这句醒目的标语贴到自己的门上，汪滔用这样的方式提醒员工：情绪无法帮助我们解决任何问题，只能成为工作的负担。所以，在工作中，请收起你那些不必要的情绪。

这个世界笨得不可思议

和大多数企业家相比，汪滔确实很低调，他似乎从来不在乎自己的名气，不喜欢出席活动，也不喜欢接受采访，但这不妨碍他被大众贴上"狂妄"的标签。世界上有一种人，他（她）的话虽然不多，但是却总是"语不惊人死不休"，汪滔显然就是其中之一。他公开发表个人言论的次数并不多，但却几乎每次都能让人颇感意外。

有一次，在接待考察大疆的企业家和记者时，当着众人的面，汪滔肆无忌惮地直言"这个世界太笨了，笨得不可思议"。他还进一步解释道："自己工作之后发现这个社会上不靠谱的人和事非常多，其中甚至不乏一些具有一定知名度、被众人所仰视和崇拜的人。"因此他时时刻刻都在质问自己脑子是否发昏，"但我还是发现，这个世界很笨"。这一番话，着实令在场的人吃了一惊。汪滔绝对不是唯一一个有这个想法的人，可以毫不夸张地说，存在相同观点的人还不在少数。但是，可以在公众场合，如此堂而皇之地表达出来的，却绝无仅有，在这个一贯提倡"谦虚"的创业圈，汪滔就像是一个异类。

当然，汪滔确实有狂妄的资本，他赤手空拳创下了大疆，并使其成为名副其实的中国无人机之王；他理直气壮地同美国展开斗争，强势占领美国无人机市场；改变了世界对"中国制造"的刻板印象……他的人生仿佛"开了挂"，他是人们口中的"创业英雄"，他和他的大疆，成了全世界崇拜的对象。

但是，可能很多人并不知道，汪滔的人生并不是一开始就"开了挂"，这个说"世界笨得不可思议"的男人，在学生时期并没有表现得很"聪明"：他的中学成绩一般；曾经留学被拒；毕业设计只得了"C"；两年研究生花了五年时间才读完……总之，他绝非大众眼中的"天才"，学业一直谈不上出众，唯一特别的地方就是对于"直升机"的热爱。

但就是这样一个普通的男孩，却在无人机领域创造了一个奇迹。在过去很长一段时间，中国企业在全球高科技市场中都是以"追赶者"或"跟跑者"的身份出现，但汪滔从一开始就立下志愿——"我不要做追赶者，也不要做跟跑者，我要做引领者"。他所创办的大疆，仅用短短几年时间便完成了颠覆，成为消费级无人机领域当之无愧的王者。

当然，汪滔所谓的"笨"并不是指智商有所欠缺、反应力差。在汪滔看来，世人都可以按照两种方式进行划分：

第一，聪明人和笨人。

区分聪明人与笨人的关键并不在于人的智商，而在于其对事物本质探求的意愿和能力。"越愿意且能够看清事物本质的人，在实践中解决的困难问题越多，脑洞开得越快，就越聪明"；而笨人，则指的是那些很容易被事物的表象所迷惑看不到事物本质的人。

第二，好人和坏人。

对于好人和坏人的区分，汪滔的标准非常简单，好人往往更倾向于追求互利共赢，通过利他来实现利己；而坏人则是通过损人来利己的，可以为了获取自身利益而不择手段。

汪滔认为，真正聪明的人，一定不会选择当坏人，成为坏人的往往都是那些徒有野心却没有足够实力的人。对此，汪滔有过深入的思考，他认为："善、恶、蠢，三股势力，本质上是善对决恶蠢联军。善的定义为有力量之美。人类的最大敌人是愚蠢，愚蠢是万恶之母，要消灭恶，先消灭愚蠢。"他甚至为此总结出了"大疆猜想"，即"人恶没有大智慧，心邪做事不靠谱"，他坚定地认为，这句话就是宇宙真理，因为"如果大疆猜想不是真理，恶人、邪人就会太有本事、太有能量，社会就会向恶、邪进化。"

事实上，口口声声说别人"笨"的汪滔，其实并不是一个自诩聪明、沾沾自喜的人，相反，他非常努力，他一直强调要踏实做事，这也是大疆能取得成功的根本原因之一。随着年龄的增长，经历的事情不断增多，汪滔的一些思想也发生了变化。他曾经在大疆2021年春节前的年会上，对自己之前的一些言行重新进行了思考，他说："自己以前太高傲了，认为'这个世界笨得不可思议'。"而在经历了一些事情后，他才发现，其实当初自己"很多事情没弄明白，却匆匆拍板"。

回顾汪滔的创业史，我们从中可以看到汪滔勤奋、高执行力、精益求精、追求极致的一面，也可以看到他坚持己见、语言犀利、不留情面的一面，人无完人，也许汪滔很多待人接物的方式并谈不上楷模，但是我们相信他的经历能给部分人一些鼓励和启迪。

这世上没有一个人让我佩服

"三人行，必有我师。"意思是说，三个人中，一定有一个人可以成为你的老师。谦逊一直是中华民族的传统美德，在商界，很多人都将其视为企业家的必修课，稻盛和夫也曾表示："任何一个成功的企业家都必须谦虚。"有人说，身为企业领导者，一定要学会"夹着尾巴做人"，即使你有一身傲骨，也要学会收敛锋芒，弯下腰来向他人请教。但汪滔显然不懂如何"夹着尾巴做人"，他不但会在公众场合肆无忌惮地感慨"这个世界笨得不可思议"，还会毫不掩饰地宣称"这世上没有一个人让我佩服"。

大疆的成功是中国科技领域的一个突破，许多人将之与苹果公司相媲美，称之为中国"无人机领域的苹果公司"。就连汪滔本人，也经常被和苹果创始人乔布斯相比较。的确，汪滔身上的很多特质，确实与乔布斯有相似之处。

众所周知，乔布斯是一个追求完美的人，对于每一款产品，他都追求极致、追求完美。他会在半夜给上游工厂老板打电话询问能否更换手机背面的材料；他会要求手机上的纹路要笔直，纹路之间的间隔要控制在1毫米以内；他会因为苹果专卖店出口标志的颜色而长时间迟疑不定；他甚至对电脑内部的电路也要求做到完美……为此，他曾经无数次让设计师抓狂。而汪滔同样是一个完美主义者，他对于产品细节要求的严格程度，与乔布斯如出一辙，为了生产出理想中的产品，汪滔曾多次和团队发生争执，甚至因此而导致了初始团队的纷纷出走。

在对产品的热爱上，两人也如出一辙。乔布斯曾经说过："唯有有热情的人才能够改变世界！""如果要做成一件事，你就要对它十分热爱，否则就没有什么意义。"缔造苹果公司，可以说是乔布斯最热爱的事情之一，他对苹果的疯狂热爱甚至使他愿意放弃所谓的"自尊"，重新回到曾经将自己驱离的公司；而制造航模是汪滔年少时的梦想，也是他进入无人机行业的原因，在汪滔看来，只有做自己真正感兴趣的事，才能真正把它做好。

很多人说，从大疆的身上，或多或少可以看到一些苹果的影子：比如对产品品味的追求；宣传片上的精致感；在软硬件产业链标准的掌握上；对企业信息的极佳保密手段，等等。汪滔也曾经公开表示："我们太需要像乔布斯这样受人尊敬的发明家和企业家。"而且，汪滔还在接受媒体采访时表示自己在很多方面与乔布斯"英雄所见略同"，他认为乔布斯的很多优秀品质，他的做法和想法均给自己带来了很多启发。但是即便如此，汪滔对乔布斯也仅是停留在欣赏而已，他说："我很欣赏史蒂夫·乔布斯的一些想法，但世上没有一个人是让我真正佩服的。你需要与大众保持距离。如果你能创造出这种距离，意味着你就成功了。"

虽然汪滔一直称世上没有一个人是让其真正感到佩服的，但是他却从不吝啬表达对一个人的赞美之情，这个人就是华为的任正非。在汪滔眼中，华为"比任何一家互联网公司都强十倍，也比苹果公司强"。他表示，在那个年代里，任正非可以从销售起步，在一无所有的情况下，一步步将华为发展壮大，成为全球通信设备巨头，这是一件非常不容易的事情。而且任正非不是在做一个仅仅为了赚钱的企业（任正非曾称华为的价值体系理想是为人类服务，不是为金钱服务），这一点非常令人敬佩。

纵观华为与大疆的发展情况，我们不难发现，二者其实有很多相似之处。比如他们都起步于深圳；都是中国科技企业的代表（华为是全球通信设备巨头，大疆是全球消费级无人机市场的领头人），是中国人的骄傲；均受到了美国的制裁；都没有上市计划……任正非是汪滔眼中为数不多的"聪明人"，他一直将任正非视为自己真正需要学习的楷模。在对企业的未来发展规划上，两个人不谋不合，都认为企业应该注重科技、领跑未来。

汪滔认为中国企业之所以在世界上缺乏竞争力，最主要的一个原因就是缺少创新。虽然现在国内市场也诞生了具有一定影响力的企业，这些企业的规模不小，但是从本质上看，这些企业的产品策略依然以模仿为主。汪滔非常希望未来中国能多些像华为、大疆这样的企业，能通过企业创新，使中国更加自信！

狼性工作法

一切成就，都源于对极致的不断追求。在过去的几十年里，中国制造开拓市场的优势是廉价劳动力，但是在科技高速发展的今天，对企业而言，核心技术才是第一生产力。企业要想打造出一款令人追捧的产品，就必须做到精益求精。依靠极致的产品精神，大疆打造出一款又一款令人惊艳的产品，可以说汪滔对产品和技术的极致追求，是大疆取得快速发展的一个重要原因。

不仅在产品和技术上，汪滔始终保持着追求极致的理性，他还将这种个性延伸到了企业管理上。每次产品开发速度过慢时，汪滔都不知道自己应该以何种态度对待员工，因为汪滔不知道开发慢的具体原因，不清楚"他们是否正在做正确的事情并为之努力"。而为了找出答案，汪滔要求员工写时报，向他汇报每个小时的工作内容。

之后随着企业规模的逐步扩大，汪滔所面对的管理工作越来越多，这使得他不得不将产品工作交给他人。虽然他取消了写"时报"这一管理措施，但是管理风格却依然强势。

身为一名不折不扣的工作狂，加班对汪滔而言是家常便饭。同时，他也提倡员工加班。据大疆员工表示，他们很少在晚上11点前下班，"凌晨两点钟研发部门办公室的灯还亮着"。甚至有员工调侃："进了大疆，别想找到女朋友。"同时，在对待员工上，汪滔也始终保持着严厉的态度，特别是研发部门。在员工眼中，汪滔并不是一个容易亲近的人。

这样的"狼性"的工作模式虽然看起来过于严苛，有些不近人情，但却在一定程度上对培养员工的竞争意识起到了积极的推动作用，这种严厉能促进员工快速成长。

凡事有利必有弊，过于严厉的管理给企业带来的后果就是人员的频繁流动。大疆成立初期，公司的愿景还不明朗，且还没有形成成熟的商业模式，一切都是未知数。再加上汪滔强势的管理方式，让员工们伤透了心。因此，成立之初，大疆就开始面对各种各样的内部纷争，后来，除了一名会计，他的创始团队几乎全部选择了离开。

事实上，汪滔虽然用人苛刻，但是他却为大疆打造了一支堪称一流的研发团队。据大疆员工表示，大疆的研发技术水平领先行业多年，其所拥有的技术研发文档，堪称行业教科书。

虽然汪滔对员工要求很严格，但是对于拥有创造力的员工，他也从来不吝啬给予其足够展示的空间。大疆研发团队的产品经理通常是通过竞聘制度进行任命，竞聘人员不限岗位、不限进公司时间，只要拥有足够的创意和完整可行的计划书，就有机会带领队伍完成产品的开发工作。

虽然汪滔并不愿意主动亲近员工，甚至常常让员工心生畏惧，但是，在员工福利上，汪滔却毫不含糊。自2012年底，大疆就开始以赠送一汽大众高尔夫车的形式向优秀员工发放年终奖金；2013年，因为给优秀员工奖励了10辆奔驰，大疆受到了媒体的大量关注；之后的几年中，宝马、特斯拉等高端汽车都曾现身大疆的年终奖。

而提到送车的初衷，汪滔的解释非常简单。他说："在公司还没有发展起来时，许多员工为了选择大疆，放弃了国企、银行等诸多工作机会，甚至还要面对父母的不理解。我想让所有人知道，他们当初的选择是正确的。除此之外，有了车，员工的居住地点也有了更广泛的选择空间，不会再局限于地铁旁。"

当然，大疆送给员工的车，也并不是完全没有条件的。车辆下发后，这些车的所有权暂时还在大疆手中，员工需要在获奖后继续在公司工作五年，才能获得车子的所有权，在此期间，他们只拥有车辆的使用权。也就是说，车子还是大疆吸引核心人才留下的有效工具。

不善交际，一直是汪滔的一个弱点。对此，汪滔曾表示，自己有一件非常遗憾的事，就是自己刚毕业就创业，之后大疆的发展也比较顺利，他从来没有过打工的经历，因此很多时候在面对员工时，自己缺少同理心，无法理解员工的具体感受。"我甚至想要用两年去时间打工，补上这一课。"

名　言　录

◎如果不知道自己要去哪里，只是一味地随大流，那么无论从哪个方向吹来的风，对你而言都不会是顺风。

◎生活中处处都有机会，但只有做自己感兴趣的事情才能真正做得好。不是所有的人生目标都看起来很完美，能够找到它并坚持下去才是大智慧。

◎在我们的父辈，中国一直缺乏能打动世界的产品，中国制造也始终摆脱不了靠性价比优势获得市场的局面，这个时代企业的成功应该有不一样的思想和价值观，大疆愿意专注地做出真正好的产品，扭转这种让人不太自豪的现状。

◎为了做好产品，我们必须放弃安逸。

◎我希望把我们的东西做成打动一流的、有品位的消费者的产品。我相信产品一旦有了高附加值，就相当于你有了翅膀，就能飞起来了。

◎大疆是一方净土，只有纯粹的创业和为梦想而生的艺术家。

◎有个说法叫"进窄门"，引向失败的门是宽的，进去的人也多；引向成功的门是窄的，找到的人也少。

◎回顾大疆创业的十年历程，我觉得我们做的事情非常单纯，就是埋头苦干，一门心思做出卓越的产品，踏踏实实地创造社会价值。

◎不管是生产50台产品，还是5万台产品，我们已经不习惯去做一个二流产品。

◎大疆的成功，源自于始终专注于产品的态度。

◎这个世界太笨了，笨得不可思议。

◎我很欣赏史蒂夫·乔布斯的一些想法，但世上没有一个人是让我真正佩服的。

◎你所要做的就是比别人更聪明——这就需要你与大众保持距离。如果你能创造出这种距离，意味着你就成功了。

◎人生目标不应该像炒股一样'跟风买入。

◎我们不屑于那些所谓的成功，而是选择一条最难走的路，那就是一门心思制造打动人心的产品。

◎滥用互联网思维会遏制整个中国的产业升级。滥用的互联网模式有时候是忽悠你放弃自己应该得到的合理利润，用一种破坏性的方法独霸整个行业。

◎身为制造业者，做好产品是天职。不要强化商术，忽视产品；加剧竞争，弱化创造。

◎乔布斯鼓舞过我，他很较真，抠细节。放在10年前，如果你和乔布斯一样，很多人觉得你不会做人，没前途。一套歪理会把你拉回所谓现实世界，最后你过着和父母一样的日子。

◎有时候旧世界的习惯打法会伤害到专注产品、创新的这些人才，我们保护这些技术人才的方式就是不断快跑。

◎无人机未来的发展方向，是在应用领域的创新，而不是价格上的竞争。

大 事 记

1980 年　　出生于浙江省杭州市，从小喜欢航模，高中毕业后，汪滔考上了华东师范大学，并选择电子系就读。

2003 年　　大三时从华东师范大学退学，进入香港科技大学读电子及计算机工程学系。

2005 年　　在香港科技大学准备毕业课题时决定研究遥控直升机的飞行控制系统，经过大半年的努力，他们的演示却失败了，只得到了"C"的成绩。

2006 年　　做出第一台样品，之后汪滔继续在香港科技大学攻读研究生课程，同时他和朋友以筹集到的 200 万元港币在深圳市成立了大疆创新公司。

2007 年　　大疆发布了直升机飞控 XP2.0 版本，大疆飞控第一次达成超视距飞行。

2008 年　　大疆无人机参与了汶川地震的救灾勘测活动。

2009 年　　大疆做出了自己的第一款第一个能量产的直升机飞控产品 XP 3.1；王滔和其团队带着被命名为"珠峰号"的无人直升机，对珠峰地区进行飞行测试和航拍实验，并取得成功。

2010 年　　大疆又推出了新一代直升机飞控 Ace one。Ace one 每月销量上千，很快成为大疆另一条主要的产品线。

2011 年　　大疆在航空博物馆的展览上，推出了多旋翼飞控 WooKong — M。

2012 年　　在德国纽伦堡 Toy Fair（玩具展览会）上，全球首个民用高精度云台——大疆 Zenmuse "禅思" Z15 产品正式发布，这是大疆发展史上具有里程碑意义的云台系统，禅思 Z15 推出的第一年，单纯这一个产品，便帮大疆创下了过亿的收入；汪滔与原大疆美国分公司负责人科林·李恩发生冲突。

2013 年　　大疆的首个整机产品、全球首款消费级航拍一体无人机"大疆精灵 Phantom 1"诞生了。

2015 年　　中国内地知名歌手使用大疆的无人机 Phantom2Vision+ 向某知名女星求婚成功；大疆推出 Phantom3；大疆推出其在航拍无人机之外的首款标准化无人机产品——MG-1 农业植保机；在 2015 年《福布斯》杂志公布的全球科技界富豪 100 强名单中，汪滔以 36 亿元的身价位居第 54 位。

2016 年　　精灵 Phantom 4 系列发布；大疆掌上折叠无人机"御 Mavic"系列产品诞生；大疆自动驾驶研发团队成立；汪滔被评为"2015 中国科学年度新闻人物"。在 2016 年 10 月发布的胡润百富榜中，汪滔以 240 亿财富位居第 77 位；同年 10 月 18 日，在 2016 胡润 IT 富豪榜中，汪滔以 240 亿元的身价位居第 54 位；汪滔获颁"2015 年度深圳科技奖市长奖"，奖金 100 万元人民币。

2017 年　　大疆与哈苏联合发布全球首款 1 亿像素航拍平台；大疆农业推出了 MG-1S Advanced、MG-1P 系列植物保护无人机、精灵 4 RTK 测绘机、农业服务平台软件以及 PC GS PRO 智能规划系统等 7 款农业植物保护新品。

2018 年　　大疆新一代产品 Mavic 2 Pro 的成功问世；大疆推出了竞价融资并取得成功，这是大疆融资史上规模最大的一次融资，融资总规模高达 10 亿美元；美国陆军向全体参军人员提出了禁止将大疆应用到军用领域的要求。

2019 年　　大疆发布了一则反腐公告，宣布进行内部反腐活动；大疆农业推出了植物保护无人飞机 T20；大疆推出了首款教育机器人——机甲大师 RoboMaster S1；大疆建立首个车规级智能制造中心；《财富》杂志发布 2019 年中国 40 位 40 岁以下商界精英榜单，汪滔列第三位；《2019 年胡润百富榜》发布，汪滔以 470 亿元人民币财富位列第 56 位；胡润研究院发布了《2019 胡润 80 后白手起家富豪榜》，汪滔以 470 亿元排名第 3；，《2019 福布斯中国 400 富豪榜》发布，汪滔以 338.7 亿元财富值位列第 62 位。

2020 年　　美国商务部将大疆列入"实体清单"；大疆农业推出了针对北方大田市场的用户以及面向南方小地块而设计的小机型 T30 和 T10 两款植物保护无人机新品；大疆推出了全新的 RoboMaster EP 教育拓展套装。汪滔以 480 亿元人民币财富名列《2020 世茂深港国际中心·胡润全球富豪榜》第 311 位；汪滔以 480 亿元人民币财富名列《2020 胡润全球少壮派白手起家富豪榜》第 9 位；汪滔以 48 亿美元财富位列《2020 福布斯全球亿万富豪榜》第 349 位。

汪滔入选《财富》中文版"2020 年中国最具影响力的 50 位商界领袖"榜单；汪滔以 335.0 亿元人民币位列 2020 新财富 500 富人榜第 66 位；汪滔以 470 亿元人民币财富位列《2020 衡昌烧坊·胡润百富榜》第 91 位；汪滔以 470 亿元人民币财富位列《2020 胡润 80 后白手起家富豪榜》第 4 位；汪滔以 320.3 亿元财富位列《2020 福布斯中国 400 富豪榜》第 102 位；汪滔位列《2020 中国品牌人物 500 强》第 47 位。

2021 年 推出旗下智能驾驶业务品牌"大疆车载"；大疆农业发布了两款全新农业无人机产品 T40 和 T20P；汪滔财富 48 亿美元，名列福布斯全球富豪榜第 589 位；汪滔入选 2021 年度中国最具影响力的 50 位商界领袖；入选艾媒金榜（iiMedia Ranking）发布的《2021 年中国新经济独角兽企业排行榜》。

2022 年 大疆推出了一款面向中小学的软硬件平台结合的 AI 基础教育工具——AI 人工智能教育套件；全球首款搭载大疆车载量产车型——上汽通用五菱宝骏品牌旗下"智感潮奢单品"2023 款 KiWi EV 正式发布；入选中国企业联合会、中国企业家协会发布的"中国大企业创新 100 强"榜单，排名第 8 位；推出四款官方翻新设备，以折扣价格出售；汪滔以 480 亿元位列 2022 家大业大酒·胡润全球富豪榜第 389 位；汪滔以 48 亿美元财富位列《2022 年福布斯全球亿万富豪榜》第 586 位。

2023 年　　大疆创新位列《2022 年胡润中国 500 强》第 87 位；全国工商联发布《2023 中国民营企业 500 强榜单》，深圳市大疆创新科技有限公司以 3 014 007 万元营业收入位列榜单 459 位；入选福布斯"中国企业跨国经营 50 强"榜单；DJI 大疆正式发布无人值守作业平台大疆机场 2；Tello edu、机甲大师 RoboMaster EP、AI 人工智能套件、大疆教育平台及 AI 场景化教育解决方案正式停止售卖。

参考文献

1.李立,曹晟源,陈雷.大疆无人机：全球科技先锋的发展逻辑[M].北京：中国友谊出版社,2017.

2.甘开全.大疆汪滔：让中国制造飞得更高[M].北京：新世界出版社,2017.

3.金红.无人机江湖和汪滔的前半生[J].左林右狸,2018-07-27.

4.邱处机.41岁,大疆创始人身家400亿：8年全球第一,力抗美国政府,他凭什么[J].邱处机,2021-10-30.

5.尹太白.汪滔,俯瞰这个世界[J].创业最前线,2019-04-14.

6.马钺.大疆汪滔：世界笨得不可思议[J].中国企业家杂志,2016-09-21.

7.马关夏.孤傲汪滔与刮骨疗伤后的大疆[J].腾讯新闻深网,2019-03-29.

8.易创谷.大疆创始人汪滔：一个像乔布斯的工作狂[J].汇众创新创业研究,2016-07-29.

9.《福布斯》网站.大疆创始人汪滔：我欣赏乔布斯,但世上没有一个人让我真正佩服[J].虎嗅,2015-05-16.

10.清辰编译.大疆创始人汪滔：不招人待见的"完美主义者"[J].

外言社，2015-05-12.

11. 王焕城. 汪滔和他的大疆［J］. 证券时报网，2019-11-09.

12. 郭儒逸. 大疆汪滔人到中年［J］. 商业人物，2020-06-03.

13. 舒虹. 大疆的"融资奇景"［J］. 全天候科技，2018-04-16.

14. 米娜. 大疆反腐风波调查［J］. 今晚财讯，2019-01-29.

15. 流星. 偏执的汪滔和疯狂的大疆［J］. 第一人物，2018-05-11.

16. 黑羊. 沉默的独角兽［J］. AI蓝媒汇，2021-01-18.

17. 王思琪. 疆汪滔：偏执狂非标准化CEO将带领大疆走向何方［J］. 第一财经日报，2016-03-09.

18. 张蔚然. 中国大疆无人机闯入白宫坠毁，美国特勤处着手调查［J］. 中国新闻网，2015-1-27.

19. 武欣中. 创客汪滔：用无人机重新定义中国制造［J］. 中国青年报，2015-5-26.

20. 吴晓波. 激荡三十年（上）［M］. 北京：中信出版社，2007.

21. 汪金红. 大疆初创员工都去哪儿了？［J］. 雷锋网. 2016-04-13.

22. 大毛无人机. 多旋翼无人机的发展史（无人机将进一步智能化、专业化、规范化）［J］. 我爱无人机网，2021-08-23.

23. Runwise创新咨询. 产品创新案例分析 | 大疆如何从初创到无人机帝国的进阶之路［J］. 知乎. 2021-03-18.

后 记

当前，全球新一轮科技革命和产业变革正在孕育兴起，科技创新正在成为企业特别是科持企业构筑发展新优势的重要举措，可以说，科技创新决定了企业的核心竞争力，谁在科技领域领先一步，谁就更容易拥有引领发展的主动权。而大疆就是这一家依靠技术创新称霸全球、在无人机领域占据绝对领先地位的中国企业。

大疆，全称是深圳市大疆创新科技有限公司，放眼中国科技企业，极少有把"创新"两个字写在名字中，而大疆不仅仅敢这么叫，更是将"创新"二字踏踏实实地做到了实处。依靠创新，大疆开辟了消费级无人机新市场，实现了"从0到1"的突破；依靠创新，大疆不断进行产品迭代，始终保持领先地位……有人说，大疆开辟了一条属于新兴产业领域的独特路径，而这一切离不开其"掌舵者"——大疆创始人汪滔。

本书以时间为线索，回顾了汪滔的个人成长历程、创业经历，以及大疆创新十几年的发展史。作为一名80后科技创业者，相信汪滔的创业故事可以给创业者带来一些启发。

由于汪滔本人为人低调，很少公开接受访问，关于其本人的公开报道数量有限，同时，作为高科技产品，无人机的技术较为专业，笔者水平有限，加之撰写时间仓促，如果书中所引资料、数据或描述有不当或错漏之处，敬请广大读者批评指正！